▶ 政治发展比较研究丛书 · 专题系列

GUOWAI GONGZHIRENYUAN
CAICHAN SHENBAO YU GONGSHI ZHIDU

国外公职人员财产申报与公示制度

中国社会科学院"政治发展比较研究"课题组 编著

房 宁 主编

中国社会科学出版社

图书在版编目（CIP）数据

国外公职人员财产申报与公示制度／中国社会科学院"政治发展
比较研究"课题组编著 . —北京：中国社会科学出版社，2013.3
　ISBN 978 - 7 - 5161 - 2198 - 6

　Ⅰ.①国…　Ⅱ.①中…　Ⅲ.①国家机关工作人员—家庭财产—
登记制度—研究—国外　Ⅳ.①D523.4②D912.104

　中国版本图书馆 CIP 数据核字（2013）第 044054 号

出 版 人	赵剑英
责任编辑	喻　苗
责任校对	石春梅
责任印制	王炳图

出　　版	中国社会科学出版社
社　　址	北京鼓楼西大街甲 158 号（邮编100720）
网　　址	http://www.csspw.cn
	中文域名:中国社科网　　010 - 64070619
发 行 部	010 - 84083685
门 市 部	010 - 84029450
经　　销	新华书店及其他书店

印　　装	北京君升印刷有限公司
版　　次	2013 年 3 月第 1 版
印　　次	2013 年 3 月第 1 次印刷

开　　本	710 × 1000　1/16
印　　张	12.5
插　　页	2
字　　数	190 千字
定　　价	28.00 元

作者简介

房宁，中国社会科学院政治学研究所所长，研究员。"政治发展比较研究"课题组负责人，负责本书策划与设计、提纲编写、修改与定稿以及报告总论部分撰写。

周少来，中国社会科学院政治学研究所政治理论研究室主任、研究员，与本书主编共同撰写报告总论部分。

陈承新，中国社会科学院政治学研究所助理研究员，负责美国部分撰写。

张磊，中国社会科学院欧洲政治学研究所助理研究员，负责英国部分撰写。

胡振良，中共中央党校科社部教授，法国问题专家，负责法国部分撰写。

杨清清，中国人民大学重阳金融研究院欧洲项目主管，与胡振良教授共同负责法国部分撰写。

刘晨，法国巴黎政治学院政治行政学专业硕士研究生，与胡振良教授共同负责法国部分撰写。

祝伟伟，中国社会科学院信息情报研究院《国外社会科学》编辑部编辑，负责德国部分撰写。

樊鹏，中国社会科学院政治学研究所行政管理研究室助理研究员，负责西班牙部分撰写。

冯钺，中国社会科学院政治学研究所信息资料室主任，负责澳大利亚部分撰写。

徐海燕，中国社会科学院政治学研究所比较政治研究室副研究员，负责俄罗斯部分撰写。

周石丹，中国社会科学院政治学研究所比较政治研究室助理研究员，负责日本部分撰写。

王晓玲，中国社会科学院亚太与全球战略研究院社会文化研究室副研究员，韩国问题专家，负责韩国部分撰写。

郭静，中国社会科学院政治学研究所比较政治研究室副主任，负责新加坡部分撰写。

冯立冰，北京大学历史学系南亚史方向博士研究生，负责印度部分撰写。

许利平，中国社会科学院亚太与全球战略研究院社会文化研究室主任，研究员，东南亚问题专家，负责印度尼西亚和菲律宾两部分撰写。

周方冶，中国社会科学院亚太与全球战略研究院政治研究室助理研究员，泰国问题专家，负责泰国部分撰写。

潘金娥，中国社会科学院马克思主义研究院当代世界社会主义研究室主任，研究员，越南问题专家，负责越南部分撰写。

贾晋京，中国人民大学重阳金融研究院宏观经济项目主管，负责财产申报制度构筑反洗钱防火墙部分撰写。

郑振清，清华大学公共管理学院台湾研究所助理教授，台湾问题专家，负责台湾部分撰写。

吴亮，清华大学公共管理学院博士研究生，与郑振清共同负责台湾部分撰写。

田改伟，中国社会科学院政治学研究所《政治学研究》编辑部副主任，负责香港部分撰写。

目　录

附录

国外公职人员财产申报与公示
制度的经验与启示

房　宁　周少来

　　掌握公共权力者的个人利益与公共利益之间存在冲突是普遍的社会现象。反腐倡廉本质上是控制这种利益冲突。监控公共权力者的财产状况是控制利益冲突的手段之一，财产申报和公示制度便是监控公共权力者财产状况的重要措施。此外，财产申报与公示制度也是保障社会正常经济秩序、金融秩序的一项重要制度。

　　根据我们初步研究，国外公职人员财产申报与申报制度大多形成于 20 世纪 70—80 年代，发展中国家一般要晚于西方发达国家。尽管财产申报可以追溯到久远的过去，但真正形成比较完备的制度，时间并不很长。即使是在被认为实行效果比较好的西方国家，其相关的法律法规也仍在不断健全和完善当中。从实践看，各国公职人员财产申报与公示制度存在很大差别，实施效果也有很大差异。公职人员财产申报与公示制度是一项十分复杂的社会工程。

　　与世界各国工业化进程中社会发展的规律性现象相类似，处于工业化、城市化进程中的中国社会，正处于腐败的高发期。相应地，中国社会朝野反腐倡廉呼声日益高涨，廉洁政治建设也在不断前行。近年来，在中国的廉洁政治建设中党政干部及公职人员的财产申报与公示问题，越来越为社会所关注。一些地方政府也进行了少量的党政干部及公务人员财产申报与公示的试点工作。在这样的背景下，了解和研究国外经验显得十分必要。

　　由中国社会科学院政治学研究所和国际学部多个研究所的学者为

主组成的"政治发展比较研究"课题组致力于当代政治发展的国际比较研究，近年来课题组系统考察研究了亚洲、欧美十多个国家的政治发展进程。反腐败、廉洁政治也被纳入了这项研究的视野。为配合国内反腐倡廉工作的需要，"政治发展比较研究"课题组以多年来的国别研究和比较研究工作为基础，选择了具有一定典型性的但分属于不同类型的 15 个国家，其中既包括西方发达资本主义国家，也有处于工业化腐败高发期的发展中国家，还有所谓"转型国家"如俄罗斯。对于它们的公职人员财产申报与公示制度进行梳理，概要地介绍基本制度、操作方法和实施效果等重点问题，供国内研究者和政策制定者参考。

一 15 国公职人员财产申报与公示制度概观

关于国外公职人员财产申报与公示制度，我们提出了八个基本问题：

第一，财产申报与公示制度的法律规定；

第二，财产申报的主体；

第三，财产申报的内容；

第四，财产申报的方式；

第五，财产申报受理和管理机关；

第六，财产公示管理；

第七，财产申报的监察和责任；

第八，财产申报制度实施效果。

这八个方面的问题，基本涵盖了公职人员财产申报与公示制度及其实施的主要方面。

（一）15 国公职人员财产申报和公示的法律制度

15 国公职人员财产申报与公示制度产生于廉洁政治建设的实践。工业化、现代化带来了社会结构的变化，带来了社会财富、利益分配格局的深刻变动。作为社会精英阶层一部分的公务人员的待遇提高和财富积累，远低于迅速富裕起来的经济精英以及其他专业技术精英。政治与公共管理精英群体与其他精英群体的收入差距和由此导致的心理落差是导致工业化阶段行政性腐败普遍发生的主要原因，从社会现象上看，即形成了常见的所谓"腐败高发期"。面对工业化时期腐败现象高发的现实，各国也纷纷寻找防止利益冲突、防治腐败的制度对策。公务人员财产申报与公示制度就是在这样的背景下逐步出现和形成的。

尽管众多国家采用了财产申报与公示制度，但从各国相关的法律制度上看，存在很大差别。一般来看，可分为三种情况：

一是，有关财产申报的法律规定分散存在于多种法律规定之中而无专门法律。一些国家在宪法和公务员法中对公职人员的个人及家庭财产的申报做出原则性的规定。西方发达国家多数属于这类情况，其相关法律规定比较零散。如澳大利亚涉及公职人员财产申报和公示的法律达 13 部之多。而英国关于公职人员财产申报的法律主要是其议会为议员制定的《行为规范》中的一些要求。美国则以 1978 年通过的《政府道德法案》中的一些条款为依据，要求部分官员进行财产申报和登记。

二是，制定专门针对公职人员的财产申报和公示的法律。发展中国家制定专门法律比较多，如印度的《印度公民知情权法》、《人民院成员财产申报条例》、《联邦院成员财产申报条例》等；印度尼西亚2005 年开始实施《关于国家官员财产申报的登记、稽查和公开的规定》；越南 2005 年通过的《防止和反对贪污腐败法》中对公职人员财产申报做出了专门规定。

三是，针对少数政治家或高级公职人员制定规定其财产申报和公示的专门法律，而对于普通公务员采用通行的财务和金融监管措施，在必要情况下通过税务等部门核查其财产。日本是实行这类制度比较典型的国家。日本实行财产公开制度所针对的对象只是限于"特别职公务员"中的一部分人员，即通过选举和政治任命产生的公职人员，可以定性为"职业政治家"。日本法律规定必须公开财产的这类职业政治家不足 5000 人，另外还有 2 万余人须根据《政治伦理条例》进行判断是否公开，而日本不公开财产的普通公务员多达 340 万人。

（二）财产申报的主体

申报财产公职人员的主体在各国、各地区有很大差异。其中涉及公职人员类别、申报者关系人等两方面问题。

各国、各地区的掌握公共权力的公职人员大致分为两类，即美国术语中的所谓"政客"与"官僚"——政务官和事务官。我们研究的对象国家和地区的财产申报主体分为三类情况：第一类集中于政务官，如行政、立法、司法机构的层次较高官员，而对普通公务员不做申报财产的硬性要求，日本、英国、美国等属于这类情况；第二类集中于事务官，要求行政系统中的普通公职人员申报财产，而不涉及民选政治官员，如新加坡等；第三类是要求所有公职人员统统申报和登记，如俄罗斯、菲律宾等，西方发达国家这种情况并不多见。

关于申报者的关系人问题，一般情况下，各国、各地区要求申报财产不仅涉及法定申报者本人，还要包括其家庭成员。多数情况下，被要求一同申报的公职人员家庭成员包括配偶或事实配偶和未成年子女。但也有一些国家要求的更加宽泛，包括了直系亲属和所谓"二代血亲"，即包括申报人的父母、子女和兄弟姐妹等。有的国家还要求报告与申报人有经济依赖关系者的收入财产状况，即养父母、养子女、家庭雇员等。个别国家申报范围甚至扩大到祖父母和孙子女。

（三）财产申报的内容

申报财产的内容与所在国的经济发展水平，尤其是市场经济发育水平和金融活动的复杂程度有关。一般说来，经济发展水平越低、金融活动越简单，申报财产的内容越简单；经济发展水平越高、金融活动越复杂，申报财产的内容就越多、越复杂。

西方发达国家公职人员的财产申报一般比较复杂，比如：法国公职人员财产透明委员会要求部分公职人员逐年填写的财产情况包括：（1）不动产情况，（2）有价证券，（3）人身保险，（4）银行账户（包括往来账户，储蓄账户，存折，住房公积金，现金等），（5）家具，（6）收藏品（包括艺术品，珠宝，玉石和黄金），（7）机动车辆、船只、航空器，（8）无形资产（包括品牌、客户等），（9）海外不动产（包括有价证券和银行账户），（10）收入情况，（11）债务状况，（12）其他财产（包括公司往来账户），（13）财产变动的重大事件等 13 大类情况。上述申报项目中的部分内容，还需提供证明。相形之下，发展中国家要求公职人员申报的财产内容要简单一些。还有些西方发达国家，如德国，对公职人员的兼职情况做出了比较明确的限制，也可视为控制其收入和财产状况的一项重要措施。

（四）财产申报的方式

在绝大多数情况下，财产申报是以书面形式向有关机构提出的。在极少数情况下，也有直接向社会及媒体公开的情况。各国公职人员财产申报的方式根据公职人员的性质和类型而有所不同。一般分为：任期申报、定期申报和随时申报。

任期申报在一些国家是指民选政务官，即政治家申报财产的方式。当选政治家要在任职后、离职前以及离职后一定期限内分若干次申报财产。如泰国第一类申报主体，即"担任政治职务的人员"包括总理、部长等，通常要结合任期进行三次财产申报，依次是在就职后的 30 日内，离职后的 30 日内，以及离职满一年后的 30 日内。

定期申报多为事务官员，即行政官员或公务员的申报方式。一般在每年的规定日期内申报财产情况，有些国家则简化为申报上一年度新增财产。

随时申报是一些国家要求及时申报发生的有关财产变动情况，通常是与接收馈赠和礼品有关。如新加坡要求官员财产发生变动时要随时申报。

公职人员申报资料一般要保留一段时间。比如，西班牙的官员申报材料通常保存期为 3 年，如果在职期间出现渎职行为，则保存期再延长 2—5 年。而在西班牙的自治地区加泰罗尼亚，官员卸任后 3 个月政府即会销毁其全部申报材料。

（五）财产申报的受理和管理机关

各国受理、管理公职人员财产申报与公示的机构设置各不相同。有的国家设立专门管理机关负责受理和管理财产申报与公示，如西班牙的"利益冲突办公室"，韩国建立的多层级"公职者伦理委员会"；更多国家的法定申报人向所属部门的负责人或内设机构申报，如美国、新加坡、俄罗斯等；有的国家由议会或司法部门的下设机构负责受理申报。

在各国专门受理和管理公职人员财产申报与公示工作的机构中，西班牙的"利益冲突办公室"（CIO）是一个很有特色的机构与制度。利益冲突办公室是西班牙政府公共行政部的下属机构，专门在国家层面负责管理和监控官员的收入财产申报工作。其任务十分明确：收集财产申报信息；储存和保管相关申报信息；负责官员财产公示；监督控制相关申报工作。

（六）公职人员财产公示管理

财产申报和财产公示是两个关系微妙的范畴，二者关系一直是人们争论的话题。有人说财产申报的目的就是要进一步公开，没有财产公开、公示，申报便失去了意义。但从我们了解的情况看，实际操作中各国做法差别很大，基本倾向是：申报范围大，公示范围小。

一般说来，西方发达国家公职人员中公示财产的比例很小。英国、日本主要是要求议会议员公布其财产或相关利益。美国原则上只要求高级官员、公务员登记财产。据不太精确的统计，美国大约有30余万联邦政府官员需要进行财产申报，但其中被要求公布财产状况的仅有2.5万人，其余均为各单位内部掌握的秘密申报。韩国需要公示财产的义务者大约为1800人，约占韩国全体公职人员的0.18%。新加坡则完全不公布法定申报人的财产状况。

相对于西方发达国家，在我们了解和研究的部分发展中国家以及所谓"转型国家"中有追求大面积实行财产公开的倾向。在这方面，俄罗斯和越南比较典型。

根据俄罗斯《反腐败法》第 8 条第 5 款规定：根据俄罗斯联邦规范性法律文件规定的程序，可将国家和市政公职人员申报的收入、财产和财产性债务的资料，提供给媒体公布。人事部门在受理申报后，可以将当事人申报的不动产、交通工具和年收入信息在各自的官方网站公布或提供给俄罗斯境内的有关大众媒体。

越南政府规定：在职干部可由本单位领导决定或宣读或张贴财产公示；国会代表及地方各级人民议会代表的申报表需要在代表的办公地点和居住地公示；即将当选国会或议会代表候选人的申报表须对当届国会代表或议会代表公开；政治组织、政治社会组织和行业组织的公职人员，则需要根据本人单位的规定在单位内部公示。所有公示期不得少于 30 天。

（七）公职人员财产申报的监察与责任

公职人员的财产申报是一项复杂的工作，甚至是个巨大的社会工程。如果法定申报人的范围较大，则管理成本更高。根据我们实地了解和香港有关部门进行的一项国际考察，各国、各地区基本上无主动核查公职人员财产申报的机制。一些发展中国家即使规定进行核查，实际上由于管理成本难以承受等多方面的困难，核查只能流于形式。我们在越南调研时发现，尽管越共中央和越南政府发布了干部财产申报和公示的政策和法令，但有的干部甚至都没有听说过，被问及此事时连连摇头，表示不解。看来，至少越南的干部财产核查是停留在纸面上的。

多数国家对于公职人员财产申报的控制表现在违规或申报不实的责任追究、罚则等方面。如新加坡对于公务员申报财产严格保密，不做主动公开，但作为制度救济，新加坡政府对于有关公务员财产申报方面的检举和投诉高度重视，一旦发现申报不实，即快速清查，及时公开，严肃处置，以维护公务员财产申报的严肃性和公信力。在一些国家凡不实申报一律视同贪污。俄罗斯法律规定：公职人员

国相关制度的建设具有启示意义。

(一) 循序渐进地推进财产申报与公示制度

从多数国家和地区的经验看，公务人员的财产申报与公示制度不是一蹴而就的，基本上都经过了一个渐进的过程。关于这一现象，我们认为和实行财产申报与公示制度的复杂性密切相关。财产申报与公示制度看似简单，实际上是一项十分复杂艰巨的社会工程，需要一系列的经济、社会和管理方面的条件，就其自身的法律、制度建设而言也是相当复杂的。如果缺乏条件，这样的制度即使实行也难以取得实效。

财产申报与公示的复杂性至少表现在以下三个方面：

第一，制度内部的相容性、协调性问题。公职人员的财产申报与公示是个十分敏感的问题，首先个人财产历来是一个十分敏感的问题。市场经济的基础是承认和保护私人财产以及与之连带的个人隐私。保护个人财产及其他权利是各国宪法、法律的基本原则，实行财产申报和公示与保护个人财产和隐私的法律原则之间如何协调一致，不仅是一个法律问题，更事关社会的基本价值与道义。因此，各国尤其是西方国家在建立和推行这一制度时都经过了一个比较长的探索和磨合期。

第二，防止规避行为。社会管理中的任何强制行为都会带来规避反应，如何防止公职人员对于强制性财产申报与公示的抵制与规避，是一个十分棘手的问题。我们调研过的菲律宾具有比西方发达国家更加严格周密的反腐败措施与法律，有严格的财产申报与公示制度，甚至也有因财产申报不实而弹劾首席大法官的举世瞩目的案例，但这并没有改变菲律宾是一个严重腐败国家的事实。在菲律宾，海关都可以形同虚设，谁会对要求公职人员申报财产的法律认真呢？许多国家公职人员财产申报，从法律到操作直至报表越搞越复杂，反映出了财产申报过程中规避与反规避的博弈。

第三，引发社会争议问题。在社会管理中一项旨在解决某一问题的法律、政策往往会引发连带性的后果，在其他领域引发新的问题。公职人员是社会精英，经济、社会地位高于一般社会阶层。但另一方面，在道义上，在许多国家的意识形态里，公职人员是社会的公仆，是人民的勤务员。这样在一般社会意识里会产生要求公职人员具有更高道德水准的倾向，要求公职人员具有奉献精神与高尚品行。这在客观上会形成对公职人员的道德预期与实际状态的反差。在这样的情况下，公布公职人员的财产状况必然会引发社会争议，甚至会加剧精英阶层与下层群体的对立。所以，这就是新加坡等国十分注意保护公职人员财产登记信息的主要原因。

（二）实行财产申报与公示的主要目的在于建立公职人员的诚信体系

长期以来，对于要求公职人员进行财产申报和公示的目的存在不同认识，甚至争议。但从多国施行公职人员财产申报与公示制度的实践情况看，事实上，实行财产申报与公示的主要目的，抑或说，主要的社会功能不在于发现腐败现象，而在于通过提高公职人员的道德责任感，促使公职人员诚实守信。从一定意义上讲，财产申报和公示是公职人员的诚信系统，实施这一制度的过程是一种征信行为。

从各国实践看，真正通过财产申报和公示发现官员腐败，进而进行惩处的情况并不多。事实上，各国、各地区在实行财产申报与公示制度的同时并不进行核查，或不进行认真的核查，其中既有成本问题，也有技术原因。不进行核查就难以发现违法违规乃至腐败问题，因此，不能把财产申报和公示视为直接的反腐败措施。

在不进行核查的情况下，公职人员申报和公示财产的意义只是在于，通过这种形式表明自己的清正廉洁，以及愿意接受监督的态度。申报以及公布个人及家庭财产情况，是公开的道德显示，是为自己增添的道德责任感。这样做，一方面增加了自我约束，另一方面为可能的查处提供了法律证据，实际上形成了一种防范潜在腐败行为的措施。

（三）建立普遍的财务金融监管体系是有效实行财产申报与公示制度的重要技术前提

在考察与研究多国财产申报与公示制度的过程中，我们发现了一个有趣的现象。相比之下，发达国家的财产申报与公示制度并不比发展中国家更加严密完备，甚至有的还不如发展中国家的法律制度体系健全，但发达国家的实施效果明显好于发展中国家。发展中国家制度显得很完善，有的实施力度也不可谓不大，但效果欠佳。究其原因，除去发展阶段、国民性等更加宏大的社会条件、文化背景方面的原因以外，一个国家普遍的财务与金融监管体系的水平是极为重要的技术性原因。

考察西方发达国家可以发现，许多国家，如英国、法国、德国和美国等，它们在长期的市场经济发展与相应的社会管理实践中形成和建立了一整套对于全社会的生产、贸易、财务、税收以及金融等各方面的经济活动的全面、系统、严格的监管。在全面系统完整的信息采集和统计基础上，全体国民和整个经济流程都处于监管之下。**在对全体国民和整个经济活动进行全面监管的情况下，采取措施监管少数特殊群体，如公职人员是容易奏效的。**在全面监管的情况下，少数群体，如公职人员难以规避监督，难以转移和隐藏财产。违法违规现象即使发生，也比较容易核查发现。我们进而认为，实行全面监管，是西方发达国家公职人员财产申报范围较小，也较少公开公职人员财产情况的前提性条件，相应地这也是西方发达国家有关法律比较宽松的原因。

反观发展中国家，我们考察研究的俄罗斯、越南、菲律宾、印度尼西亚等国经济监管体系原始粗放，经济活动信息收集和统计系统极不可靠，财务、税收监管漏洞百出，贿赂公行。在对于经济整体过程缺乏基本监管的情况下，要对少数人，如公职人员进行监督，犹如大海捞针，实在是挂一漏万。在经济监管体系不健全，对整个经济活动疏于管理的情况下，公职人员很容易隐蔽财产，躲避监管。在这种情况下，强行推行公职人员的财产申报与公示，也必然是做做样子，流于形式。

（四）管理利益冲突是治理行政性腐败的源头

反腐倡廉要从源头抓起，要标本兼治。公职人员利用公共权力谋取私利，是行政性的腐败行为。从西方发达国家的成功经验看，从源头上清理和管理公职人员的利益冲突是治本之策。

腐败现象一旦发生，无论是发现还是惩治，其社会成本极大，政党、政府和社会都要为之付出巨大代价。因此，防范腐败行为的发生十分重要，是降低成本和代价的最佳方法。公职人员的腐败行为来源于利益冲突，利益冲突是公职人员个人腐败行为发生的主要前提。因此，发现和清理利益冲突，将监察和检查的重点置于利益冲突点，是防止腐败的根本之策。

在这方面，英国、法国、西班牙、德国等欧洲老牌资本主义国家可谓经验老到。英国将公职人员的腐败风险防范直接定义为清理和防范利益冲突，实行利益登记和利益声明制度，应当说，这是"关口提前"的典型案例。西班牙设立"利益冲突办公室"全面负责监控各级各类官员的利益冲突，消除隐患，堵塞路径。德国重点防范公职人员的社会兼职，着力减少利益冲突发生的可能性，同时防止通过兼职输送利益。这些做法都起到了有效防范腐败发生的作用。

为推进中国财产申报与公示制度的建设，吸取与借鉴国外相关制度及其实践的经验教训很有必要，而吸收与借鉴国外经验的前提是首先搞清国外情况，以使本国的相关制度的建设建立在一个科学的认识基础之上。为此，我们在广泛收集资料的基础上，并根据本课题组成员多年来在国外进行调查研究的直接体验，编写一本多国公职人员财产申报与公示制度著作，以供我国公职人员财产申报建设工作参考借鉴。

务情况，包括收入、个人财产等，以后还须按月申报。对财产申报资料的接受、保管办法、保存期限、公开方式、查阅手续、审查以及对拒绝申报和虚假申报的处罚办法也都作了详细规定。

美国是联邦制国家，有些州的财产申报制度立法实践要早于联邦政府。自 1972 年始，加利福尼亚州、华盛顿州、佛罗里达州等陆续制定了财产申报法。伴随联邦政府财产申报制度实践的不断发展，各州政府也加快了财产申报制度建设的步伐。截至 1979 年 1 月《政府道德法案》正式实施，美国已有近 3/4 的州制定了本州的财产申报法。[①]

此后，美国历届政府，尤其联邦政府道德办公室又制订了一系列配套法规，经过历次修订，最终形成一套较完善的美国财产申报制度。

二 申报主体

从上述演进历程可以看出，美国普通公务员一般不被要求进行财产申报。《政府道德法案》规定，总统、副总统、国会议员、联邦法官以及立法、司法、行政三种政府机构的所有官员，必须分别于任职前在本系统内申报其本人、配偶及受抚养子女的财产状况，并按规定程序提交财产状况的书面报告，上任后还须按月申报。

具体而言，依照美国《政府道德法案》涉及的申报人员范围可以概括为三大类：

行政部门需要公开财产申报的有：总统，副总统，政府行政部门行政 15 级及以上的官员，不在行政级别序列，但是基本工资等于或高于行政 15 级最低工资 120% 的官员[②]；上述未能涵盖，但与制定政策有关的非公开招聘官员、由总统任命的委员会成员、军职人员工资等于或高于 0—7 级者、政府各部门任命的法律顾问、邮政总局局长、副局长及邮政系统基本工资等于或高于行政 15 级最低工资 120% 的官员，

---

① 郇天莹：《美国官员财产申报制度构建的路径分析与启示》，《中国行政管理》2009 年第 2 期，第 97 页。

② 2011 年 GS‑15 级最低基本工资为 99628 美元，120% 即是 119554 美元。

以及其他经政府道德办公室主任认定的高级官员，政府道德办公室主任以及政府各部门道德办公室的主管官员等，也需申报。

立法部门需要公开财产申报的有：所有国会议员，国会雇员中基本工资等于或高于行政 15 级最低工资 120% 者，如果某位议员的下属工作人员中无人基本工资等于或高于行政 15 级最低工资 120%，则至少要有一位主要助理人员申报和公示其财产。

司法部门需要公开财产申报的有：最高法院首席大法官，最高法院大法官，上诉法院法官，地区法院包括海外领地、贸易、税务、军事上诉等法院及其他国会立法设立的法院法官，以上法院的雇员其基本工资等于或高于行政 15 级最低工资 120% 者。

在美国大约有 2.5 万名高级公职人员和政府雇员要申报并公示其财产，加之由各单位内部掌握的秘密申报适用人员，大约 30 余万联邦政府官员需要进行财产申报。

《政府道德法案》进一步规定，无官职但有意参加竞选公职的公民也必须公开其财产和收入。

三　申报内容

在实际操作中，联邦政府道德办公室制定了统一的申报书，把要求申报的财产事项分类列在申报书的表格中。美国公务人员申报财产的范围较为广泛，凡宪法容许的和国会明确规定的事项都要申报，依据财产申报书的四张表格的内容，主要分为"劳务所得和投资收益"、"买卖交易"、"赠与和赔偿费"、"债务"等内容。申报人的配偶、无独立生活能力的子女，以及在其中有所有权或合伙权利的各种经济或商业组织的交易，也必须申报。

具体而言，申报的内容主要包括：从联邦政府之外的任何来源得到的超过 200 美元的红利、租金、利息、资本利得以及它们的来源、种类和数量或价值，从非亲属收受的累积价值超过 250 美元的所有礼品，包括来源和礼品说明，价值超过 1000 美元的贸易或业务投资所得，任一时间对任何债权人负债超过 10000 美元的债务，本人主要住所除外，超过 1000 美元的房地产购置、出售或交换，超过 1000 美元的股票、债券、期权或其他证券的买卖或交换。

当公共行政人员的财产和其担任的职责相冲突时，美国做出四项规定解决利益冲突：回避（Recusals）、免除责任（Waivers）、财产处理（Divestiture）、合格的盲目与多样性信托（Qualified Blind and Diversified Trusts）。其中财产处理是指变卖财产；合格的盲目与多样性信托则指不论采取哪种方法来处理财产，都必须事前详细申报财产，合格的盲目信托的财产及收益不必申报，凡是不属于合格的都需要按照投资收益的申报规定进行申报。

四 申报方式

联邦政府行政、立法和司法三大系统所有申报适用对象，包括总统、副总统、国会议员和最高法院大法官都必须在就职的 30 天内向相应部门申报。由总统提名、需要由参议院审议批准任命的官员，在总统向参议院提名的 5 天之内需要全面申报财务状况。在不迟于第一次提名听证会举行的当天，须提交更新报告，包括收入、年度累积超过 200 美元的酬金，以及用获得的酬金向慈善机构捐款等。总统或当选总统只要在公开场合宣布打算任命某人担任某项要职，该人可以在该项宣布后的任何时间提交财务报告，但是不得晚于总统正式向参议院提名后 5 天。按照联邦选举法的规定取得总统、副总统或国会议员候选人资格的 30 天之内，或者不迟于该选举年的 5 月 15 日，但是最晚不得晚于选举日的 30 天之前，上述候选人必须提交财务报告。在一个日历年内担任申报适用职务超过 60 天的官员，须在次年 5 月 15 日之前提交包括收入、年度累积超过 200 美元的酬金，以及用获得的酬金向慈善机构捐款等财产申报。担任申报适用职务的官员在终止担任该项职务后的 30 天内，须提交包括收入、年度累积超过 200 美元的酬金，以及用获得的酬金向慈善机构捐款等财产申报。

五 申报受理机构

一般而言，申报适用官员向自己所在部门或将要工作部门的道德官员申报。总统、副总统、独立检察官以及独立检察官任命的工作人员直接向联邦道德办公室主任申报。其他直接向联邦道德办公室主任申报的有：邮政总局局长、副局长及邮政系统其他申报适用官员。其他负责接受与发布官员财务申报的机构及其管辖对象是：司法会议——负责最高法院首席大法官和大法官，上诉法院和地区法院包括海外领地等法院以及其他国会立法设立的法院法官，以及上述法院雇员的申报；各军兵种部长——负责军职人员的申报；联邦选举委员会——负责总统或副总统候选人的申报；众议院书记——负责众议员、众议员候选人及众议院管辖机构（如国会图书馆）雇员的申报；参议院秘书——负责参议员、参议员候选人及参议院管辖机构（如政府问责办公室）雇员的申报。

如果申报者尚未上任，或正在等待有关部门审议批准，或者是民选官员候选人，则接受申报的部门需要将申报材料副本提交相应的机构。① 而联邦选举委员会也必须定期向参、众两院的书记或秘书通报候选人登记的进展情况。民众或民间团体可以有的放矢，到相应的机构去查找自己关注的官员或候选人的财务情况，发现问题就可以提出质疑，或者在竞选过程中挑战该候选人的资格。

六 申报内容的核实和公开

考虑到公务员人数众多，因其岗位不同而产生的贪污腐败的系数大小有别，以及寻求公务员的隐私权与财产申报的平衡等诸多因素，美国

---

① 例如，需要经过参议院或参、众两院审议批准的官员向联邦道德办公室主任申报之后，联邦道德办公室须将副本送交国会相应部门。国会议员候选人的申报材料副本须按照联邦选举法的规定在 30 天内由众议院书记或参议院秘书送交该候选人所在州的有关部门。

最终采取了公开申报与秘密申报两种类型。依据《政府道德法案》的规定，凡担负重要决策权和指挥权的官员、高级科技人员、咨询顾问人员等，必须公开申报本人及其配偶和抚养子女的财产状况。秘密申报的人员，适用于中、下级官员和雇员，一般由各单位自行确定，一般包括文职 GS—15 级、军人 0—6 级及其以下的官员或雇员，主要指那些从事工程合同、物资采购、执照发放、奖金管理、企业监管、行政执法以及对非联邦实体产生经济影响的人员。

申报内容的公示层面，落实公众监督权。除在国家安全部门工作或其他不宜暴露身份的官员外，属于公开申报的人员应当遵循公开申报的程序，各受理申报的机关均须向社会公开个人财产报告，任何公民均可查阅或复印；申报结束的 15 日内，申报资料应向公众公开，此后 6 年内，除出于非法目的查阅或公开申报资料将危害国家利益等情形外，任何公众经申请均可查阅。

七 申报监察与责任追究

根据《政府道德法案》设立的联邦政府道德办公室是美国政府中的实权机构，它由总统直接领导，向总统和国会汇报工作；主要职责是管理政府各级官员的财产申报事务和监督政府官员的道德行为。联邦政府道德办公室负责审阅和监察官员财产申报登记表格；一旦发现谁有违法收入，联邦政府道德办公室立即处理。

美国财产申报制度要求上自总统下至普通官员，都必须按照规定，如实填写财产申报表格，公开的部分要随时接受公众查询和监督。政府制定了严厉的违规处罚措施。如果各部门的道德办公室或接受申报的机构有充足的理由认为某位官员伪造申报信息，或者明知规定但是故意不按时间申报，须将案情通报联邦司法部长。司法部长将通过地区法院对该名官员提起民事诉讼。伪造申报信息者最高罚金 5 万美元，或 1 年有期徒刑，或二者并罚。明知规定但是故意不按时间申报的最高罚金为 5 万美元。一般的逾期申报也会面临处罚，如果逾期超过 30

天，包括特殊情况下（例如在战区服务的军人或在战区因伤病住院），已经给了宽限但是还逾期 30 天以上，将被罚款 200 美元。司法部门可以依据通货膨胀状况，对罚款金额作 4 年一次的法定调整。

八　财产申报实施效果和简评

美国官员财产申报制度的基本框架为《政府道德法案》，其对财产申报制度作出了相当细致全面的规定。从前述内容不难发现，美国官员财产申报制度具备申报人员范围广泛且实行分类管理、申报财产的内容全面具体、财产申报管理机构相对独立且有权威、申报财产的监督与责任追究严厉等几大鲜明的制度特点。加之美国对立法、行政和司法三个系统实行统一的财产申报制度，考虑到美国的规模与美国政府的规模与复杂程度，美国的官员财产申报与公示制度在世界大国中是具有典型意义的。据透明国际清廉指数 2012 年最新排名，美国得分 73，世界清廉排名依然与往年一样位列十九，在美洲则排名第三，属于较为清廉的国家。①

尽管如此，依然有许多美国本土学者对于美国自身的制度持有批判态度。在不少本土学者眼中，美国官员财产申报制度的鲜明特点也许正成为其发挥应有功能的内生性桎梏。第一，申报规定的繁复冗长影响了认知解读的真正效果。第二，申报成本过高，表格的巨细无遗使得填写、提交和审阅的成本随之变得巨大。美国自我批判的一个更为重要的原因还在于制度本身协调性的欠缺。申报制度存在与隐私权等民事权利需要取得平衡的问题，道德办公室没有违规违法调查权，各级公职人员的权利和义务不均等，过于严厉的制度可能打击年轻人投身公职的积极性等协调性问题，不配合较健全的公序良俗、社保法律、法治信念等显然无法单挑大梁。

鉴于美国官员财产申报制度的特点和上述实施效果的内外评价，

---

① http://cpi.transparency.org/cpi2012/results/，最近一次查询日期 2013 年 2 月 8 日。

回首中国的实际情况,究竟如何学习借鉴?我们需要对美国官员财产申报制度保持一个客观冷静的认识立场。

首先,从制度背景检视,美国的财产申报制度受到两国所处发展阶段和国情的影响。美国作为至今依然首屈一指的发达国家,其财产申报制度经历了三十余年的形成和发展。美国国会是实权机构,它能够设置众多的机构调查、监督、管理政府道德问题,为官员财产申报制度的建立提供了支持,立法权在20世纪70年代的强化,直接促成了财产申报制度法律基础的确立,国会两院还通过设置专门监管机构监督政府的反腐败工作,推动财产申报制度建立;发展成熟的文官制度为大规模的财产申报主体的分类管理打下了基础;总统制下被赋予最高行政权兼任政治领袖的总统为显示执政魄力抑或赢得连任,力推廉政建设无疑有利于其执政赢得公共道德的制高点,官员财产申报制度正是反腐倡廉的一剂药方;信用体系的相对成熟也为财产申报制度的实行创造了良好的制度条件。

其次,从制度发展检视,美国官员财产申报制度有内在弊端,仍处于动态发展之中。除了美国学者对于财产申报制度的批判性意见以外,其政党政治的内在特点也决定了该制度的内在弊端。美国的财产申报制度缘起于规范政党选举和健全民主制度的需要,但其制度成长不断伴随着并不减弱的政治腐败事件爆发态势。究其缘由,从执政党的角度看,财产申报制度是政党政治中弱化社会本质矛盾、增强政治合法性的"化腐朽为神奇"的一笔。但是,美国的竞争性政党制度的内在特点决定了政党的利益之争势必阻碍财产申报制度的完善立法与落实执行。美国选举历来与金钱政治相随,需要大量的资金来宣传、运作,但财产申报制度要求各政党公开竞选期间各项政治捐赠的基本情况,公开各项竞选费用的开销情况,这无疑封堵了大规模政治献金的入口,必然会遭到部分政治候选人的反对,而其结果就是,一方面是包括财产申报、公示在内的廉洁政治制度的不断升级,另一方面就是规避廉洁政治制度的法律制度的发展。

2012年美国大选就是一个例证。这次大选号称是有史以来最烧钱的一次选举，这和"公民联盟诉联邦选举委员会"案（Citizens United v. Federal Election Commission 558 U. S. 08205 2010）密切相关。2012 年美国大选将以"公民联盟诉联邦选举委员会"案而被载入史册，这个案子将与美国历史上的"马布里诉麦迪逊"案（确立最高法院违宪审查权）、"科斯特诉桑福德"案（赋予黑人公民权）、"《纽约时报》诉沙利文"案（赋予新闻监督一定程度的豁免权）等案子一道被列为美国乃至世界司法史上最重要的、影响深远的判例。

所谓"公民联盟诉联邦选举委员会"案是 2010 年 1 月 21 日，联邦最高法院首席大法官约翰·罗伯茨宣布最高法院 9 位大法官以 5：4 比例裁定，"公民联盟"或称"联合公民"诉联邦选举委员会案的上诉合法，判定 2002 年美国《两党选举改革法案》第 441 条 b 款中关于在竞选最后阶段限制企业和组织以营利或非营利为目的的资助候选人的条款违反美国宪法第一修正案"言论自由"的原则。这一历史性的判例使近几十年来美国逐步限制选举中"金钱政治"的努力付诸东流。

从美国官员财产申报制度的规制演进过程可以看到，罗斯福政府之后，美国历届总统都首先重视加强廉政的制度与道德建设，该制度的成长首先立足于政治伦理文化氛围的不断培育。从这一意义上看，财产申报制度可谓是立足德治前提的法制发展的产物，并非直接立法一蹴而就，至今依然处于动态发展过程中。

最后，从技术层面检视，防治腐败的综合治理特点决定了财产申报制度的定位。建立财产申报制度确实对于防治腐败、增强政府透明度和执政合法性有积极的作用，但是否建立财产申报制度就意味着反腐倡廉"毕其功于一役"？从美国的立法和实践经验来看，财产申报制度属于政府行为道德体系的环节之一，其具备分级分类管理、全社会监督与责任追究等值得学习的操作技术，但并非独立的、可以被单独移植的万全之策。该制度本身显示出的内在矛盾和弊端也使得其建立和实施必然经过一个长期斗争、渐进的过程。法律移植不能忽视本国原有资源和禀赋，更不能无视原有的传统文化基础。

参考文献

美国政府道德办公室, http://www.oge.gov/Financial-Disclosure/Financial-Disclosure/, 2012 年 2 月 5 日。

美国众议院, http://ethics.house.gov/financial-dislosure, 2012 年 2 月 5 日。

美国参议院, http://www.ethics.senate.gov/public/index.cfm/financialdisclosure? p=overview, 2012 年 2 月 5 日。

透明国际, http://cpi.transparency.org/cpi2012/results/, 2012 年 2 月 8 日。

Carroll, James D. If Men Were Angels: Assessing Ethics in the Government Act of 1978. *Policy Studies Journal.* 17: 2 Winter, 1988/1989.

O'Conner, Karen and Larry Sabato. *American Government: Continuity and Change.* 8th. ed. New York: Pearson Longman, 2006.

Reporter at Large: Congressional Ethics. The New Yorker 22 Aug. 1977. pp. 71—81 Web.

郇天莹:《美国官员财产申报制度构建的路径分析与启示》,《中国行政管理》2009 年第 2 期。

李筱:《美国公职人员财产申报制的自我批判及启示》,《法制与社会》2011 年 7 月。

邰祖岩:《国外官员财产申报制度的实施状况及启示》,《领导科学》2010 年 7 月。

英国利益登记与声明制度

张　磊

经过数年的发展，英国已经形成了一个覆盖广泛的反腐败机制网络，对公务人员的监督分散于议会、司法机关、审计部门、公众与舆论监督，以及政府部门内部，从法律、制度、监督机构、媒体等各个方面对腐败行为进行遏制和打击，使英国成了一个相对而言比较廉洁的国家。财产申报仅仅是这一机制网络的一个方面。

从狭义上说，英国并没有官员财产申报的专门法律。在英国议会内部制定的议员行为规范中有关于财产问题的相关规定。根据议会的规则，与其说是要求议员财产申报，不如更准确地说是要求议员进行经济利益的登记。英国是议会内阁制国家，由议会中多数党组阁，内阁大臣往往由议员出任。从这个层面上说，内阁成员也要遵守经济利益登记的行为规范。

与利益登记制度相关，英国议会还实行利益声明的制度，在行使公共权力过程中申明自己与相关事务的利益关联。

此外，英国政府公务员也需要遵守公务员管理的行为规范，其中也有关于经济利益申报的要求。

利益登记制度和利益声明制度，是英国保持权力机关公信力和公共权力者清正廉洁的两项富有特色的制度。

一　利益登记制度

英国的上议院和下议院都制定有议员的《行为规范》（*The Code of*

Conduct），其中明确要求议员的行为需遵守以下七项原则：无私、正直、客观、负责、公开、诚实和领导。① 根据英国下议院的《行为规范》，议员需要登记相关经济利益，其目的在于提供其获得的经济利益与收益的信息。这些利益主要是他人认为可能影响其在议会中的行为、言论或投票，或者其作为议员职权范围内所采取行动的任何利益。②涉及议员经济利益登记的行为规范最早由 1974 年 5 月 22 日的下议院决议通过，随后经若干下议院决议如 1995 年 11 月 6 日、2002 年 5 月 14 日、2008 年 3 月 27 日、2009 年 4 月 30 日和 2011 年 2 月 7 日等决议进行了修改。③

现行议员《行为规范》规定的英国议员需要登记的内容相当复杂，共有十二大类：

1. 议员如果担任公共或私营公司的"管理职位"（Directorship），且收入超过一定数额就需要登记。此处的收入不仅包括薪水和相关费用，还包括任何需纳税的支出、津贴或收益，比如公司提供其一辆汽车也需要登记。议员需登记公司的名称、主要业务内容、因该职位获得的收益以及相关的工作时间等信息。

2. 议员担任有酬劳的职位、提供专业、被雇用者，即在任职期间，因提供专业或受雇于其他机构，比如参加 BBC 节目，BBC 支付一定的报酬，就需要登记。

3. 如果议员向客户提供服务，比如担任某公司的咨询顾问，需要登记其提供服务的公司的客户及客户的业务性质。

---

① House of Commons, *The Code of Conduct together with The Guide to the Rules Relating to the Conduct of Member*, 2012, http://www.publications.parliament.uk/pa/cm201012/cmcode/1885/1885.pdf, last accessed on 30th January 2013. House of Lords (Second Edition: November 2011), *Code of Conduct for Members of the House of Lords and Guide to the Code of Conduct*, http://www.publications.parliament.uk/pa/ld/ldcond/code.pdf, last accessed on 30th January 2013.

② House of Commons, *The Code of Conduct together with The Guide to the Rules Relating to the Conduct of Member*, 2012, http://www.publications.parliament.uk/pa/cm201012/cmcode/1885/1885.pdf, last accessed on 30th January 2013.

③ House of Commons, *Register of Members' Financial Interests as at 18 January 2013*, http://www.publications.parliament.uk/pa/cm/cmregmem/925/925.pdf, last accessed on 30th January 2013.

4. 如果有他人向议员提供资助，需要登记资助方的名称、地址、金额、接受的具体时间。

5. 议员或议员配偶（伴侣）收到来自国内的与其议员身份相关或从事的政治活动有关的礼物、收益和招待，且超过一定数额就需要登记。

6. 议员或议员配偶（伴侣）因其议员身份出国访问也需要登记资助者的名称、地址、金额、目的地和访问目的。

7. 议员或议员配偶（伴侣）因其议员身份收到来自国外的礼物和收益，且超过一定数额就需要登记。

8. 议员拥有的土地或地产，如果只是作为个人或配偶住宿用途的不需要进行登记，有盈利收入的就需要登记。

9. 持有股份，不只是议员个人还有其配偶（伴侣）或子女（未成年子女）持股超过一定份额或价值超过一定标准也需要登记。

10. 《政党、选举与全民公决法》（PPERA）7A 条款规定的受管制交易（controlled transactions）超过一定数额需要登记。

11. 任何不属于上述类别的相关利益，或议员认为可能会被他人视为会以类似方式影响其行为的利益，可以登记在"其他收入"栏内。

12. 最后一项要求是雇用家庭成员从事与议会相关的活动，需要登记该家庭成员的姓名和与议员的关系，一种是有直接血缘关系的亲属，还有一种是婚姻关系或者是事实婚姻关系的家庭成员都需要登记。

议会《行为规范》对需要登记的 12 类内容，每一项都解释得非常详细，登记范围内的具体内容的类别和达到登记要求的金额或比例，都有明确的规定（见下页表）。①

---

① House of Commons, *The Code of Conduct together with The Guide to the Rules Relating to the Conduct of Member*, 2012, http://www.publications.parliament.uk/pa/cm201012/cmcode/1885/1885.pdf, last accessed on 30th January 2013.

英国下议院议员利益登记金额要求

类别	名称	登记金额
1	管理职位	单次收益超过议员年收入的0.1%（现为66英镑）；年度总收益超过议员年收入的1%（现为660英镑）
2	有酬劳的职位、专业、雇用等	同类别1
3	客户	同类别1
4	资助	单次金额超过1500英镑；或者一年内同一来源单次资助超过500英镑且总和超过1500英镑
5	礼物、收益和招待（英国国内）	年度总收益超过议员年收入的1%（现为660英镑）
6	海外访问	如果不是全部由议员或公共基金负担，超过议员年收入的1%（现为660英镑）
7	海外的收益和礼物	同类别5 备注：除了类别6，来自海外的超过500英镑与政治活动有关的资助都是不允许的
8	土地和地产（不作为个人居住目的）	地产价值：超过议员年收入的1%（现为660英镑）；地产带来的收入：超过议员年收入的10%（现为6600英镑）
9	股份	超过已发行股本的15%（4月5日前），或者价值超过议员年收入（66000英镑）
10	《政党、选举与全民公决法》（PPERA）7A条款规定的受管制交易（贷款、信贷和有价证券）	资助总额超过1500英镑；一年内同一来源的超过500英镑的贷款
11	其他	没有门槛
12	使用议会经费雇用家庭成员	年度收益超过议员年收入的1%（现为660英镑）

资料来源：House of Commons, Introduction to the January 2013 edition, *Register of Members' Financial Interests as at 18 January* 2013, http://www.publications.parliament.uk/pa/cm/cmregmem/925/925.pdf, last accessed on 30th January 2013.

议员具体的登记时间如下：第一次登记是在当选议员后的第一个月之内。此后，在议会所有议员登记并对外公布之后，如议员个人情况有任何变化，则需要在四周之内再次登记。也就是说，英国议员需要在一年内进行多次登记。议会登记内容统一对外公布，新一届议会成立之后首次公布，之后大约每年公布一次。①

下议院最近一次公布的版本是截止到2013年1月18日更新的最新版本，这也是这届议会第三次公布的内容，其中包含了2012年所有议员登记的项目。举例来说，公布材料中显示：一位议员于2012年7月1日参加了BBC的节目，得到200英镑的收入；登记内容还包括具体地址和时间。该议员是7月1日参加的BBC节目，他7月3日即进行了登记。另一项是11月7日参加了某机构主办的年度会议，在会议上发言获得1500英镑的收入，于11月19日登记。又如，一位议员登记的内容还提到了英国奥组委向他赠送的价值590英镑的奥运会游泳比赛门票。②需要指出的是，英国议会还要求议员们的秘书和研究助手也要对其经济利益进行登记。③

英国上议院对议员的行为规范和下议院略有不同，比如需要登记10个项目的内容，但总体的指导精神和原则是大体一致的。登记的目的在于保证公开和责任性，使议员将可能影响其在议会中的行为、言论或投票的利益或是在作为议员范围内的各种利益进行申报，可以是经济利益，也可以是非经济利益。这10个项目的内容主要包括如下内容：管理职位；有酬劳的职位；向客户提供的公共建议和服务；股份；土地和地产；资助；海外访问；礼物、收益和招待；其他经济利益；影响议员履行其公共责任的非经济利益（non-financial interests）。这10类包括了比如没有酬劳的管理职位或其他雇佣职位；公共机构（如医疗信托基金、大学或学校的管理机构、地方政府和政府其他部门）的成员；博物馆、美术馆或类似机构的人员；利益集团或工会的任职人

---

① House of Commons, *The Code of Conduct together with The Guide to the Rules Relating to the Conduct of Members*, 2012, http：//www. publications. parliament. uk/pa/cm201012/cmcode/1885/1885. pdf, last accessed on 30th January 2013.

② House of Commons, *Register of Members' Financial Interests as at 18 January* 2013, http：//www. publications. parliament. uk/pa/cm/cmregmem/925/925. pdf, last accessed on 30th January 2013.

③ House of Commons, *Register of Interests of Members' Secretaries and Research Assistants*, http：//www. publications. parliament. uk/pa/cm/cmsecret/memi01. htm, last accessed on 30th January 2013.

员；非盈利组织的任职人员（office-holder）。① 英国上议院议员需要随时更新其利益登记的相关内容，该内容对公众公布且在上议院会期期间每天更新，任何人都可以在其网站上进行浏览。② 上议院议员的助手也需要登记其相关利益。③

二 利益声明制度

除了对经济利益进行登记之外，英国议会还要求议员需在一定情况下对其相关利益进行申明，即"利益声明制度"。下议院要求议员在参与某一事项的辩论、决议、决策之前，事先说明自己与该事项可能存在的利益关系，其目的是公布其既有的或潜在的相关利益，从而保证言行的公正性和公平性。1974 年 5 月 22 日下议院决议中提出："在议会及其下设委员会的任何辩论或议程中，在与其他议员、部长、文官就某事项交涉或交换意见时，议员必须首先声明个人的有关利益或任何性质的好处，无论是直接的，还是间接的，无论是过去的、现在的，还是将来的。"④利益口头声明要比利益书面申报范围更广，除现有利益外，增加了过去曾存在的利益和将来可能产生的利益。《行为规范》还规定，议会委员会的议员（尤其是主席）若拥有会直接受到某项审查影响的金钱利益，或其认为本身的个人利益可能会影响委员会的工作或其后的报告，该议员可在委员会的会议过程涉及该项利益时

① House of Lords, *Code of Conduct for Members of the House of Lords and Guide to the Code of Conduct* (Second Edition: November 2011), http://www. publications. parliament. uk/pa/ld/ldcond/code. pdf, last accessed on 30th January 2013.

② House of Lords, *Register of Lords' Interests*, http://www. parliament. uk/mps-lords-and-offices/standards-and-interests/register-of-lords-interests/, last accessed on 3rd February 2013.

③ House of Lords, *Register of Interests of Lords Members' Staff*, http://www. publications. parliament. uk/pa/ld/ldsecret/130204/contents. htm, last accessed on 3rd February 2013.

④ House of Commons, *The Code of Conduct together with The Guide to the Rules Relating to the Conduct of Members* (Second Edition: November 2011), 2012, http://www. publications. parliament. uk/pa/cm201012/cmcode/1885/1885. pdf, last accessed on 30th January 2013.

回避。①

与下议院类似，上议院议员除了登记其利益外，也需要在一定情况下对其利益进行"申明"：当议员在议会中进行辩论，或与部长、文官就某事项进行辩论或讨论时，需申明其相关利益。②

此外，对英国政府的普通公务员来说，《公务员管理规范》（*Civil Service Management Code*）有条款规定，公务员必须向其所在部门或机构申报因其职位带来的任何经济利益，包括管理职位（directorships）、个人或直系亲属（配偶、伴侣以及孩子）所持股份或有价证券。公务员必须遵守其部门或机构针对这些利益所做出的扣留、处理或管理的指示。如公务员破产或牵涉其中也需要向其所在部门或机构进行申报。此外，政府部门或机构必须告知其工作人员在哪些情况下需要报告其接受的礼物、招待、奖品等收益，在哪些情况下接受这些好处之前需得到允许。但是，《公务员管理规范》没有涉及将公务员申报的利益进行公布的规定。③

上述关于经济利益登记和利益声明的各种规范仅仅是英国反腐败制度体系中的一个方面，多重制度网络共同构建了英国的总体反腐败体系，并且在一定程度上取得了不错的效果。在透明国际（Transparency International）2008 年的排名中，英国位居第 23 位。在 2011 年的排名中，英国位居第 16 位。在 2012 年的排名中，英国位居第 17 位。④

当然，尽管英国有比较复杂的制度规定，但反腐倡廉的工作并非一劳永逸。2009 年英国议会发生的涉及各党派的支出丑闻，以及 2010

---

① House of Commons, *The Code of Conduct together with The Guide to the Rules Relating to the Conduct of Member*, 2012, http：//www. publications. parliament. uk/pa/cm201012/cmcode/1885/1885. pdf, last accessed on 30th January 2013.

② House of Lords, *Code of Conduct for Members of the House of Lords and Guide to the Code of Conduct*, http：//www. publications. parliament. uk/pa/ld/ldcond/code. pdf, last accessed on 30th January 2013.

③ Civil Service Management Code, June 2011, http：//www. civilservice. gov. uk/about/resources/civil-service-management-code, last accessed on 3rd February 2013.

④ 参见透明国际网站：http：//www. transparency. org/, last accessed on 3rd February 2013.

年财政部副大臣的"骗补门"和"避税门"风波表明,在严密制度下,仍然存在腐败现象。反腐败对于任何一个政体来说都是一个永恒的任务。

2010年5月31日,卡梅伦政府为了重新恢复民众对政府的信心,向媒体首次公布了172位年薪超过15万英镑的英国公务员的名单。英国首相卡梅伦的年薪为14.25万英镑,而被公布的172位公务员的年薪都超过了首相,属于高收入阶层。[①]这一举措也许预示着英国将向进一步更加普遍的财产申报和公示制度迈进。

---

① Government reveals 172 civil servants earn more than PM, 31 May 2010, http://www.bbc.co.uk/news/10200387/, last accessed on 3rd February 2013.

法国政治生活财务监督制度

胡振良　杨清清　刘　晨

　　作为历史悠久的西方发达资本主义国家,法国的政治文明在西方国家中堪称典范。对于社会政治生活进行财务监督,是法国政治文明中一个富有特色的概念,是法国廉洁政治建设的基本理念,也是法国政治法律制度中的一项重要原则。

　　法国公职人员的财产申报,是法国式的政治生活财务监督制度的一部分,其目的就是为了规范国家和地方的政治生活。法国的财产申报主要针对中央和地方的选任官员,防止其在任职中和离职后的利益冲突行为。法国中央和地方的一般政府(行政)公务员的行为约束主要通过公务员法及其相关制度施行。

一　法国财务监督和财产申报制度演化

　　早在1789年法国革命以及现代民主制度发端以来,法国政治生活中始终存在着如何规范和约束政治家和公职人员行为,使之全力服务于公共利益的问题。但财产申报以及相关制度的建立却是十分晚近的事情。在政治生活财务监督的大的概念和范畴下,在经过长期的政治实践和社会管理实践,并在具备一定社会条件的情况下,法国的财产申报制度逐步形成并完善起来。

　　法国公职人员的财产申报制度,是更广意义上的法国普遍的财务、金融监管制度的重要组成部分。法国历来重视对于社会政治生活和政治家活动的财务监管,在这方面的监管有着深厚的法律基础,法国宪法、组织法、选举法、一般法和专门法中都有对于政治活动进行财务和金融监管的法源和有关规范。法国社会政治生活财务监管制度经历了长期发展演化。根据法国学者的考察，以法律制度为主体的法国政治生活财务制度大体经历了多个发展阶段，而今又经历着新的调整。

传统时期。1988 年以前为传统时期，政治组织、政党和相关政治家、民选官员的行为规范主要适用选举法及相关规定。随着社会发展和社会环境的变化，人们对于政治生活中的一些特殊问题和问题的特殊发展，提出了更严格的法治要求。1977—1988 年间，法国国民议会和法国政府提出了 29 个相关的法案，规范各种各样的政治行为。

《政治生活财务透明法》时期。1988 年 3 月，经过长期探索和争取，在各方的压力下，法国第一部规范政治生活的专门法《政治生活财务透明法》获得通过。这部法律体现了长期以来法国社会规范政党、政治组织、政治家和政府行为的诉求，将社会政治生活的财务与金融监管的各种规范集于一身，反映了当时法国防治利益冲突、促进廉洁政治的最高制度文明成果。在这部重要的、标志性的法律通过和实施后，法国继续努力推进和加强相关领域的制度建设，不断完善监督。先后于 1990 年 1 月 15 日和 5 月 10 日通过了一般法和组织法草案。前者进一步规范了法国选举活动的支出和相关经费使用的公开透明；后者设定了总统选举活动的最高经费额度，建立了相关的监督机构。

灵活时期。《政治生活财务透明法》公布和实行后，法国政治生活中出现了一股回潮，要求对于日渐严格和完善的政治生活财务监管体制机制进行调整和放松，美其名曰"增加灵活性"，实际上是弱化了相关财务监管。这可以从法国 1993 年 1 月、1995 年 1 月、1996 年 4 月和 1997 年 4 月通过的相关法律规定中反映出来。

再调整期。面对不断出现和增加的问题，法国政治家和政府又进行了重新审视和反思。反思聚焦于财政透明问题。一系列的丑闻和涉及高管的重大案件，再次使法国朝野重新思考财政透明问题。

二　《政治生活财务透明法》

法国作为西方现代资本主义民主政治的发源地之一，作为有着悠久政治文明的国家，是少数明确提出社会政治生活的财务监督概念和法律的国家。这反映了法国在实现国家的工业化、城市化、现代化进程中，管理社会和建设民主政治、廉洁政治的历史经验。而这一政治文明的重要成果集中体现于法国的《政治生活财务透明法》之中。

以下对于现行的《政治生活财务透明法》关于政府成员和部分中央与地方选任官员的财产申报制度的内容进行概要介绍。其中涉及申报制度的主体、客体、权利、义务，受理和管理机构的组成、方式，以及相应的责任追究和监督措施等问题，这些材料对于增加有关法国政治生活财务监督的理念和法律制度的了解会有帮助。

（一）财产申报主体的相关规定

法国《政治生活财务透明法》法律编号 88—227，1988 年 3 月 11 日通过，最近一次修订是 2011 年 11 月 19 日，编号：INTX8800003L。

该法第一部分是关于政府成员和部分选任官员的财产申报条款，第一条规定："所有政府成员，在获得任命后两个月内，向依据本法第三条所成立的委员会提交财产状况说明，说明格式按选举法 L. O. 135—1 条款执行。""在因故（除死亡外）导致任期中止之后的两个月内，上述人员同样需要提交财产状况说明"，但是，政府成员在依照选举法第 L. O. 135—1 条和本法第一、二条提交财产申报后，六个月内不应再被要求进行财产申报。

《政治生活财务透明法》第二条规定："在欧洲议会担任代表的法国议员，地方议会主席，居民超过三万人的市镇长官，享有征税权并且居民超过三万人的市镇联合体的长官，在获得任命后两个月内，向依据本法第三条所成立的委员会提交财产状况说明，说明格式按选举法 L. O. 135—1 条款执行。"

"对于地方议会的议员和居民超过十万人的市镇长官的助理，当其拥有代署权时，也必须提交财产状况说明。""关于这些议员和助理的情况，应由每个地区的行政长官提供给依据本法第三条所成立的委员会的主席。""任何本款前两段所涉及的人员，应在任期期满之前的两个月中提交财产状况说明。在辞职，罢免或议会解散的情况下，相关人员应在两个月内提交财产状况说明。""但是，相关人员在依照选举法第 L. O. 135—1 条和本法第一、二条提交财产申报后，六个月内不应再被要求进行财产申报。""本条在实施时，相关人口数量应以市议会改选时所掌握的人口普查数据为准。"

《政治生活财务透明法》第二条还规定，"本条第一款所涉及的义务同样适用于以下机构的主管或总经理：国有资本比例超过 50% 的企业和其他法人机构，工业或商业性质的国有公立机构，由上述两类机构的主管占有超过 50% 以上资本，且在其主管获任命前一年营业额超过一千万欧元的企业和其他法人机构，由建筑和住宅法第 L. 421—1 条规定，且在其主管获任命前一年管理超过 2000 栋建筑的住房管理机构，在其主管获任命前一年营业额超过 75 万欧元，且由地方集体或由上述四类机构占有超过 50% 资本的企业和其他法人机构（上述第一类和第三类机构除外）。"

由该条第一款所规定的财产状况说明必须在任期开始和结束之后的两个月内提交给依据该法第三条所组成的委员会。该条第二款所述机构主管的任命，将在前任主管的离任财产申报获得确认之后进行。如果被任命者在任命之后两个月内未能提交财产状况说明，那么任命将失去效力。

此外，最高行政法院还将出具一份与上述主管和总经理共同适用本法的职位清单。

经过法例多次修改，需要财产申报的人员范围也在不断扩大。目前，受政治生活财务透明委员会监督的人员约在 6000 人左右。从 1988 年至今年，先后已经有近 20000 人受到该委员会的监督。

以下是需要进行财产申报人员的法律规定及申报主体范围不断扩

大的演变过程。

1. 政府成员（1988 年 3 月 11 日《政治生活财务透明法》规定）包括：总理、部长、国务秘书。

2. 国家议员（《法国选举法》第 135—1 例）包括：国会议员、参议员。

3. 欧洲议员（1995 年 2 月 8 日关于公共服务部门的代理权法例）包括：欧洲议会议员。

4. 地方官员（1988 年 3 月 11 日《政治生活财务透明法》规定）包括：大区区长、科西嘉议会主席、国民议会主席、海外省议会主席、海外属地当选执行总统、人口 30000 以上城市市长。随后在 1995 年 2 月 8 日又追加了科西嘉地方行政区执行理事会主席、享有征税权并且居民超过 30000 人的市政联合体的长官、拥有代署权的大区议会议员、科西嘉岛执行议会议员、地方议会议员以及居民超过 10 万人的市政长官助理、法属波利尼西亚选任官员（1996 年 4 月 12 日及 2004 年 2 月 27 日组织法法律）、法属新克里多尼亚选任官员（1999 年 3 月 19 日法例）、法属海外圣巴泰勒米和圣马丁的选任官员（2007 年 2 月 21 日法例）。

5. 企业负责人，包括：工业和商业性质的国有公立机构①以及营业额超过 1000 万欧元的国有企业及其子公司主管、超过 2000 栋建筑的住房管理机构②主管、营业额超过 75 万欧元的混合经济公司③的董事会主席或代理理事机构负责人、董事长，监事会主席和执行委员会成员、总经理、法定代表人等。

（二）财产申报的受理和管理机构

《政治生活财务透明法》第三条规定：为了接受议会成员以及本法

---

① 工业和商业性质的国有公立机构 EPIC：Etablissement public à caractère industriel et commer-cial

② 住房管理机构 OPH：les Offices Pubilics de l' Habitat

③ 混合经济公司 SEM：Sociétés d'Economie Mixte

第一、二条中有关人员的财产申报，现成立政治生活财务透明委员会[1]。

政治生活财务透明委员会由以下人员组成：三名法定委员：最高行政法院副院长，任委员会主席；最高司法法院第一院长；最高审计法院第一院长。六名正式委员和六名候补委员：四名现任或名誉的分区行政法院院长或最高行政法院法官，其中两名候补，这四名成员由最高行政法院全体法官选出；四名现任或名誉的分区司法法院院长或最高司法法院法官，其中两名候补，这四名成员由不在最高司法法院任职的全体法官选出；四名现任或名誉的分区审计法法院院长或最高审计法法院法官，其中两名候补，这四名成员由最高审计法法院法官选出。委员会成员的任命以法令形式颁布。

政治生活财务透明委员会秘书长由司法部长根据委员会法定委员的提名进行任命。委员会成员还包括报告人。报告人由最高行政法院副院长和全体行政法院系统的法官，最高司法法院第一院长和全体司法法院系统的法官，以及最高审计法法院的第一院长和全体审计法法院系统的法官联合任命。为了完成其任务，委员会还将得到相关政府机构的协助。

政治生活财务透明委员会的组织结构，运作方式和它所涉及的法律程序均由最高行政法院以法令形式颁布。

如果发现《政治生活财务透明法》第一、二条中规定的人员有违反该法的行为，政治生活财务透明委员会将先要求其做出解释，而后通知其任职的部门。在任职期间，本法第一、二条中规定的人员必须在其财产状况发生重大变动之后及时向政治生活财产透明委员会通报。

政治生活财务透明委员会可以要求该法第一、二条中规定的人员提供其按照《纳税法》第170—175条和第885W条应提交的报税材料。如果相关人员在两个月内未能提交上述报税材料，委员会有权力

---

[1] 政治生活财务透明委员会 CTFVP：La Commission pour la transparence financière de la vie politique http：//www. commission-transparence. fr/index. html

要求税务机关提供相关材料副本。委员会确保其收到的财产申报材料和财产变动说明的机密性。

已经提交的财产申报材料和财产变动说明只有满足以下条件方可公布：申报人，已提交材料的权利所有人或司法机关提出申请，并且材料的公开将有利于解决争议或查明真相。

政治生活财务透明委员会根据议会成员和本法第一、二条中规定的人员提交的财产申报材料和财产变动说明评估其财产状况。每隔三年，委员会在政府公报上公布一次调查报告，但这份报告中将不会出现相关人员姓名。

《政治生活财务透明法》规定，如果在相关人员做出说明之后仍发现来源不明的财产变动，政治生活财务透明委员会即将材料移送检察机关。

《政治生活财务透明法》第四条规定：任何将上述财产申报材料和财产变动说明通过除审计报告以外的形式公布或传播的行为，都将按《刑法》第226—1条受到处罚。如果政治生活财务透明委员会了解到上述行为的发生，委员会主席应立即向检察机关提交一份意见。

《政治生活财务透明法》第五条规定：如果地方议会主席或地方行政机构的民选长官未能按照本法第二条的规定申报财产，将在一年内丧失担任此职位的权利。

《政治生活财务透明法》规定，如果一个具有征税权的市镇联合体的议会成员或主席未能按照该法第二条的规定申报财产，将在一年内丧失担任此职位的权利。同时地方行政法院将向此市镇联合体所在省的省长宣布解散相关议员或主席的办公室。

如果该法第一、二条中规定的人员故意隐瞒或捏造其财产中的某些部分，并对材料的真实性和委员会的工作产生影响，将被处以30000欧元罚款，并按《刑法》第131—26，131—27条中规定的方式剥夺其公民权和担任公共职务的权利。

任何不遵守《政治生活财务透明法》第二条第一款第四段中规定义务的行为将被处以15000欧元罚款。

（三）财产申报的内容

法国财产申报的内容主要有以下 11 个方面：

1. 房屋（包含已建和在建的）在填写申报表格时，要求注明房屋性质、详细地址及面积、获得途径及获得日期、房产的法律形式、购买金额和使用房屋期间的装修费用以及当前申报时期的房屋现值。

2. 有价证券。

包含 3 个方面：非上市证券交易、上市公司证券交易以及各项其他投资。法律规定必须说明交易证券的公司名称、购买价格、现值、投资组合类型和性质、银行账户以及证券开户账号。申报主体在任期到期，连任或离职时，也必须说明这些项目的资金变化情况，委员会将结合上市公司的企业业绩和股价走势来分析个人申报情况的真实性。

3. 人身保险。

必须明确指出人身保险公司名称及联系方式、人身保险合同编号和签订日期以及保险额度。申报主体在任期到期，连任或离职时，也必须说明人身保险最低资本率，定期支付和领取的清单，以便委员会核查。

4. 银行账户、储蓄存折、可持续发展账户①、住房储蓄计划、家庭储蓄账户、现金或其他。

必须明确说明开户银行名称及账户号码、储蓄金额。

5. 家具。

必须说明在申报时期时的家具保单价值或估价评估，以及购买价值。

6. 收藏、艺术品、首饰、珠宝、宝石和黄金。

必须说明申报品类型以及金额。以法国前总统萨科齐为例，在 2012 年的申报表格中该项目的收藏品价值近 10 万欧元，包括名人手稿

---

① 可持续发展账户 Livret Développement Durable：代替从 1983 年创立的工业发展账户并于 2007 年 1 月 1 日开始正式实行的一种储蓄方式，主要是为能源经济项目和中小型企业融资为服务宗旨的，储户可享受免税的优惠。从 2012 年 10 月 1 日起储蓄上限为 12000 欧元。

真迹、名表、珍贵邮票及雕像。

7. 带动力的车辆、船和飞机等。

必须说明相关财产的性质，品牌，购买年份，购买价格以及现价。

8. 商业经营权和客户资源、收费和办公场地。

必须说明其性质、所占比重、资产负债情况。还是以法国前总统萨科齐为例，在 2012 年的申报表格中该项目指出前总统在其 SELAS CSC 律师事务所占 34% 的股份。

9. 其他财产，包括公司往来账户。

明确财产性质以及金额即可。

10. 海外动产和不动产及账户持有。

必须说明性质和金额。

11. 负债。

必须详细说明贷款人或债权人的名称和地址，债务的性质、时间和目的，债务金额和借款期限，在申报日时的余下偿还金额以及每月支付的还款金额。

另外如有需要，还可以选择补充第 12 项的收入状况说明和第 13 项对申报财产组成有重大影响的事件，或者备注任何申报人需要说明的特殊情况。

（四）财产申报的责任和处罚

至于申报违法的处理，法国公务员制度规定，申报违法包括两种情况，一是拒绝申报，二是作虚假申报，对于申报违法者须予以法律制裁。例如，法国《政治生活财务透明法》就明确规定，如果议员、政府官员或地方官员未按规定报送财产申报表或竞选账目，就在年内取消其被选资格。

《政治生活财务透明法》规定，每逢总统选举之前，总统候选人必须将有关财产状况的资料用加封条的信封交给宪法委员会；两院议员上任 15 天内必须向议院办公厅提交准确、真实的财产状况申报单；所有政府成员和地方官员上任 15 天内必须向专门依法设置的委员会（由最高行政院副院长任主席、最高法院和省级法院的首席院长组成）提交个人财产状况申报单。议员在任期届满前，政府成员和地方官员在职务终止时，也要提交新的财产申报单。

不论出任申报、日常申报还是离任申报，所有报告都在《政府公报》上公布。《政府公报》向全体国民公开，可免费、自由查询。特别是在公布总统大选结果时，必须附上当选总统的财产申报单。所有被公布的信息随时可以被媒体和非政府组织监督核实。

对于中央政府组成人员和特定的地方官员，包括大区区长、海外省议会议长和较大城市（居民达30万以上）市长，该法规定必须在被任命或上任后15天内提交个人财产状况申报单。上述议员、政府官员未按规定申报财产的，取消被选资格。

所有申报信息由政治生活财务透明委员会按法律要求保密，除涉及司法机构应法律程序要求查询外，不接受任何组织和个人的查询。任何将相关信息违法公布者将面临刑法惩罚1年监禁和45000欧元罚款。

刑法第432—12条例规定："任何公职人员在行使公共权力或履行公共服务任务，或担任公职的选举任务的事务中，直接或间接地拿取，收取或保留任何企业和业务中相关负责管理，清算或付款的全部或部分利益，将被处以5年监禁和75000欧元罚款。"

三　法国财产申报制度的实施效果及存在问题

实践证明，作为一项重要的廉政措施，法国财产申报制度在对国家公务员的权利和义务做了相当明确的规定，也为全社会提供了法律依据来更好地行使监督官员的权利，对其国家公务员取信于民、为政清廉、防止腐败产生了一定功效。

但另一方面，虽然目前法国有财产申报义务人员的申报率为100%，但自1995年以来，因涉嫌财产来源不明而被调查，且被证实罪名成立的少之又少，总共只有12份调查上交检察机关，但信息跟踪和反馈结果却非常不尽如人意。同时，面对不断出现的丑闻和涉及高官的重大案件的揭露，使得民众对公职人员的信任感不断降低，从而造成了严重的"信任危机"。据 2011 年一项民意数据调查显示，72%的法国人认为当选官员和政治家是"相当腐败的"，只有19%的法国人认为是"相对诚实的"，该比例是自 1977 年后不信任感率的最高记录。

那么是哪些原因造成了这些困境呢？

第一，政治生活财务透明委员会没有刑事调查权。虽然在法律上规定了政治生活财务透明委员会有权要求官员提供收入及财产报税材料，在2个月内未得到申报人的反馈可要求税务机关提供相关材料副本，若发现相关人员在说明财产后仍发现来源不明的财产变动，可将材料移送到检察机关，这些都是前期的收集调查权利和起诉权，但是随着腐败的持续高难度和高科技化发展，对后续的调查和取证造成了不小的障碍，立案和破案都难以取得实质的进展，造成了政治生活财务透明法律效用的成效甚微。

第二，政治生活财务透明委员会无权审查官员家属的财产状况。法国公务员的申报财产和收入只限于本人，其配偶、有民事连带合同允许的同居人以及未成年子女的收入和财产不需要申报，是受隐私权保护的。因此，很多官员可以将自己的存款、地产和投资等转移到亲属或子女名下，使他们有可能隐瞒真实的收入情况，并有意在财产申报中弄虚作假，从而规避审查和社会监督。

第三，官员在任职或国家企业高层在职时期，无从解释清楚的财产变动情况不构成犯罪，即便是检察机关已经接受了委员会移送的材料，只要没有正式法律判定和惩处，"疑点利益归于被告"都不能确认其犯罪事实。这就会给走法律漏洞的不法官员提供了逃避罪行的可能性。

第四，现有的惩处措施和制度有待加强和补充。参考之前提及的刑法第432—12条例规定："任何公职人员在行使公共权力或履行公共服务任务，或担任公职的选举任务的事务中，直接或间接地拿取，收

取或保留任何企业和业务中相关负责管理，清算或付款的全部或部分
利益，将被处以 5 年监禁和 75000 欧元罚款。"此条例是法国对抗利益
冲突的惩处基础，是一项刑事处罚，但是该处罚规定没有相应严格的
"不能兼任职务"的制度来配合，即取消其同时的公职职位，用来有效
防止腐败和利益冲突出现的可能性。比如对于国会议员和参议员，法
律规定在其任职期间不能兼任其他有关选举活动的职位，但兼任私人
业务相关的职位除外，如咨询律师或顾问等。据 2011 年统计有近 60
位议员在公职外有其他的咨询收入，这就造成了财产申报的难度和复
杂性。若没有相关法律更严格的明文规定，在操作和执行上实现的效
果就不那么理想。

综上所述，从法律的现实状况和有效惩罚措施的缺失方面来看，
通过政治生活财务透明委员会实施的财产申报无法有效地保障政治生
活中的财务完全透明和公开，特别是在政党和选举活动中的资金审查，
关于"政治献金"的问题更是复杂困难，短期内很难有合适有效的解
决方案。

尽管如此，我们也要看到，法国正在通过各种努力来思考和解决
政治生活中出现的问题。法国除了有《法国公务员总法》、《法国公务
员总章程》以及《法国刑法典》等关于公务员渎职犯罪的规定外，法
国政府还制定了以预防腐败为中心内容的《道义法规》，与此同时，法
国政府还要求有关部门和公务员工会组织共同订立《道义总法规》，并
指示各部门根据自身情况制定《专门的道义法规》。这些法律和行政法
规不仅着眼于防止公务员以职业身份从事一切有利可图的犯罪活动，同
时也防止公务员通过配偶或其他中间人利用其职权获取非法利益。

德国公职人员兼职收入
申报与公示制度

祝伟伟

德国推崇以法制防治腐败。目前德国最主要的反腐败法律是《刑法典》，对公职人员腐败行为进行了概念性的界定，并规定了相关处罚。在刑法的基础上，德国还有《联邦公务员法》、《公务员纪律条例》、《公务员兼职法》、《公务员差旅费法》、各州《公务员法》等数十部法律、行政条例，从各个方面对公职人员的行为进行规范。但较之于对于公职人员各方面行为的法律、纪律约束，德国在财产申报公示方面的法律制度并不完备。

一 德国公务员兼职和工资外收入监控

严格来说，德国目前尚无一部完整的公职人员财产申报公示法，更多的是对工资外收入来源的监控，尤其是兼职工作的申报与公示。

根据《联邦公务员法》和《公务员兼职法》的规定，在不影响正常本职工作，不妨害国家利益，不损害公务员形象的前提下，允许德国公职人员从事兼职活动。根据性质的不同，兼职活动主要分为以下四大类：

第一类是应所在部门最高行政机关的要求在国家机关或事业单位中从事的兼职。此类兼职事实上属于指派性任务，在实践中最高行政机关通常将这一权力下放至下级机关。只要与公务员所受的基本教育相符合，并且要求不过分，公务员就有义务担任此类兼职。此类兼职通常没有报酬，即使有报酬也需要上交给指派机关。

第二类是自由职业、普通的雇用关系和低薪工作（minijob）。从事此类兼职需要事先获得上级机关的批准，或事后进行申报。

第三类是担任荣誉职务，无报酬的看护工作，照料亲属等。此类兼职不需要批准，但事后要向上级机关申报。

第四类是打理自己名下财产、自给自足式经营①；从事艺术或科学创作、讲学；在工会、职业联合会或自助机构中从事维护职业利益的活动等。此类兼职既不需要批准也不需要申报。

除了第一类和第四类兼职外，其余兼职如果有报酬（包括金钱和实物）都需要向上级机关申报兼职的类型、工作范围、获取的报酬金额，如有变动需提交书面说明。不仅在职公务员的兼职活动受到法律的严格约束，退休后公务员的从业行为也要受到监控。《联邦公务员法》规定，公务员退休后从事的工作如果与其退休前五年内担任的公职相关，可能会影响国家利益，必须事先向其原上级主管进行书面申报。退休五年后从业则无需再进行申报。

除了兼职活动，《公务员法》对接受礼物和收受好处也有明文规定。除非经过最高或次一级行政机关许可，否则公职人员不得为自己或他人索要或收取金钱、礼物或其他好处，即使结束公职任期也不允许。如有违反但情节较轻尚未构成刑事罪，必须向最高行政机关申报，并将所得好处上交或以其他方式交给国家。在德国，如果家长想请公立幼儿园的老师吃饭，事先都必须向园长请示并获得批准。对基层公务员的老师要求都如此严格，更勿论高级公务员了。

德国前任总统伍尔夫的丑闻就是最鲜活的例子。2010 年伍尔夫被媒体报道曾从某商人处获得 50 万欧元的优惠贷款，数次出差免费升舱，在企业家朋友处免费豪华度假，最终引起司法机关的关注和介入。迫于媒体、舆论、政治界和学术界的压力，伍尔夫于 2012 年 2 月 17 日

①　所谓自给自足式经营是指一家企业生产出来的产品不售卖给第三方，而是用于企业自身发展。这里是指公务员从事某项生产式或服务式兼职，并非以售卖给第三方获利为目的，而只是为了满足自己或家庭需要。

正式宣布辞职。但是司法机关对此案的调查并未因为伍尔夫的辞职而中止，直至 2012 年底该案件仍处于取证审理阶段，调查的重点就是伍尔夫在任职期间是否从他人处获得好处。

二 德国议员工资外收入申报与公示

较之于公务员，德国议员腐败现象受到媒体和各界更多的关注，尤其是议员兼职行为。2007 年德国联邦议院议员兼职总收入高达 580 万欧元，613 名议员平均每人担任 4 份兼职。早在 1977 年《德国议员法》就规定，联邦议院议员任职期间，在不影响其议员义务的前提下允许从事其他职业。但直到 2005 年 10 月 18 日的修订版中才增加了申报公示兼职收入的规定。

根据《德国议员法》2011 年最新修订版、《德国联邦议院成员行为规范》及其《实施细则》，议员如果从事下列兼职或接受捐赠，有义务向议长进行申报并公示：

1. 在正式担任联邦议院议员一职之前，需要就此前两年内从事的工作向议长做书面申报，如在协会、企业、社团、教育或疗养机构中曾担任过董事、监察委员、管理委员、顾问等职务，需详细写明受雇机构的名称和地址以及工作形式。

2. 在任职议员期间，若从事以下职业或签有以下合约，有义务向议长进行申报，并报告合约的主要内容：有报酬的独立职业或受雇关系。例如，继续从事担任议员之前的顾问、代表、专家、出版等工作；在协会、企业、社团、基金会、教育或疗养机构中担任董事、监察委员、管理委员、顾问等职务。但如果是担任专家或从事出版事务，且合约收入不超过每月 1000 欧元或每年 10000 欧元，则不需申报。

3. 如果缔结有关协议，承诺在议员任职期间或任期结束后授予职务或给予好处，要向议长进行申报。

4. 在合资或合伙公司中占有股份，由议长决定需要申报的股份权重。第 17 届议院议长规定，议员持有股权超过 25% 需申报。

5. 议员获取的金钱或其他形式（除礼物外）的捐赠如果一个自然年内超过 5000 欧元，必须向议长申报，包括捐赠人的姓名、地址和金额。议长一个自然年内获得的单笔捐赠，或来自同一个捐赠主体的多笔捐赠总额超过 10000 欧元，必须公示金额和来源。如果议员只是代表党派接受捐赠，而且党派也收到相应发票，则不需申报。议员若获得礼物形式的捐赠，如果超过规定金额，必须向议长申报并上交，或者折合成金钱上交联邦账户。议长与议院主席团共同议定上交礼物或捐赠的使用。

上述兼职收入如果超过每月 1000 欧元或每年 10000 欧元，还需要公示其收入，包括各种形式的补贴（如差旅费、住宿费等）、津贴、实物工资等。最晚公示期限为担任议员职务、职务变更或延续后 3 个月内。在议院主席团和党团主席同意的前提下，议长还可以就财产公示的内容和范围制订细则。对于议员负有保密责任的事实部分，可以不进行公示。兼职及其收入的公示在公务员手册和联邦议院网站上同时进行。《联邦议员法》将议员兼职收入分为三档，第一档是 1000—3500 欧元；第二档是 7000 欧元以下；第三档是 7000 欧元以上。公示的时候并不需要标明具体数额，只需标明是第几档即可。以德国联邦议院现任议长拉莫特为例，在联邦议院网站上的"议员"一栏中，根据姓名字母排列可以找到拉莫特的个人网页。网页内容分三部分，分别是拉莫特的个人简历、在联邦议院中担任的职务和根据议员法需要公示的内容。第一项公示内容为："担任议员期间的有偿兼职：柏林海因里希—冯—克莱斯特协会，致词，2012，第一档。"这说明 2012 年拉莫特曾为该协会致词，获得一次性报酬，额度超过 1000 欧元，但不足 3500 欧元。第七项公示内容为："埃森 RAG 股份公司，监察委员会成员，每年，第三档。"这说明拉莫特在该公司内担任职务，每月定期获得固定报酬，一个自然年内的报酬总额超过 7000 欧元。

如果某个议员公示的内容不实，存在违反议员行为规范的情况，议长首先应与该议员进行谈话，同时从事实和法律角度进行调查，要求该议员交代更多的事实真相，并要求其所属党团主席表态。如果议长认为该议员违规情节轻微或者属于疏忽大意（例如超过公示期），可以对该议员提出警告。否则需要将调查结果告知主席团和议员所属党团主席。在听取议员汇报之后，由主席团裁决是否确实违反行为规范。一旦确认违反行为规范，将根据《议员法》以书面形式对决议结果进行公示，并根据情节轻重处以罚款，最高不超过议员年酬金的一半，根据议员本人要求可以进行分期付款；如果不曾违反行为规范，则根据议员个人意愿决定是否公示决议结果。如果党团主席或议院主席团成员违反行为规范，不得参与上述调查过程。

德国社会对于国家立法机关成员的道德水准要求很高。近年来，德国议员工资外收入申报与公示制度快速发展（见表）。2005 年仅有 38 名议员按规定公示了兼职收入，到 2012 年底 620 名议员几乎全部进行了公示。2011 年 10 月德国社民党总理候选人、联邦议员施泰因布吕克通过演讲获得丰厚的兼职收入，却未如实公示一事引起媒体和各界人士关注。

据媒体报道，2009 年 10 月至 2012 年 2 月期间，施泰因布吕克在各个场所做了 75 次报告，每次报告酬劳均不低于 7000 欧元。加上其他兼职收入，此间施泰因布吕克工资外总收入至少超过 125 万欧元，但其公示的结果却大大缩水。德国国际透明组织对此行为表示谴责，并借此要求加快议员行为规范改革。迫于各方压力，施泰因布吕克随后公示了更为详细的个人兼职信息，包括 90 多次演讲报告收入，以及在蒂森克虏伯等公司和机构任职的信息。

2005—2007 年 9 月 30 日德国联邦议院议员兼职公示统计

年度	公示兼职收入的议员人数	公示的兼职收入总额（万欧元）
2005	38	44.7
2006	60	140
2007（截至 9 月 30 日）	142	580

数据来源：http：//www.compliancemagazin.de/gesetzestandards/deutschland/politik/deducto 291107.html

无论是与其他国家相比，还是与本国反腐败的其他制度、措施相比，德国公务员和议员的财产申报与公示制度都尚显简单，迄今为止仍是以对兼职的监控为主。而且除了兼职收入以外，目前无论舆论界、政治界还是理论界都极少提及或关注公务员其他财产的申报与公示。一方面，德国十分注重个人信息的保护，尽管颁布了《信息自由法》，但主要是对行政机构、管理部门信息公开的规定，几乎不涉及个人信息的公开。另一方面，财产申报与公示制度的缺位也并未严重影响其整个政治环境和社会环境的清廉程度。根据国际透明组织的清廉指数排名，2003 年至 2007 年德国排名几乎一直保持在 16 名（2004 年 15 名），2008 年至 2011 年间几乎保持在 14 名（2010 年 15 名），2012 年的最新排名为 13 名。这说明德国整个防腐败反腐败机制已经比较健全。

三 德国公务员、议员财产收入申报与公示制度的不足

不可否认的是，德国公务员和议员工资外收入的申报与公示制度还需要进一步改进和完善。目前，德国公务员和议员工资外收入的申报与公示制度的不足之处主要表现在三个方面：

第一，缺乏有力系统的外部监督。无论是公务员还是议员，其申报和公示义务的监督者都是上级主管机关或主管领导，主要依靠行政机关内部的监督。以审计署为代表的外部监督力量更注重对整个机构或组织的资金使用的监控，在对公务员个人的监督方面作用不大。

第二，公示内容的真实性难以核实。德国公务员和议员的工资外收入的申报与核查是自觉性高于强制性。由于保护隐私和核查成本等多方面的原因，德国对于申报对象申报材料的准确性并无系统的核查机制。比如，施泰因布吕克后来公示的兼职收入是由其本人委托的会计师核算出来的结果，而真实数据究竟是多少恐怕很难确定，官方并

无复核。

第三，对议员虚报财产缺乏有力的惩治措施。德国是一个犯罪违规成本很高的国家，对公务员行为的约束很大程度上依靠重罚、重刑的震慑作用。但由于议员依法享有政治豁免权和刑事豁免权，对其进行法律惩戒存在一定难度，目前的规定仅仅是处以罚款。

西班牙公职人员财产申报
与公开制度[①]

樊　鹏

　　西班牙行政区划分为 17 个自治区和 2 个自治市（Ceuta 和 Melil-la）。根据西班牙宪法第 149 部分规定，国家在民族政策、移民政策、国家关系、国防军事以及行政司法等领域享有权利，自治区和自治市则根据宪法其他规定享有相关高度自治权。

　　与任何国家一样，长期以来西班牙在不断地建立和完善法律体系，以防范公务人员腐败行为，提高政府的公信力，保持官员队伍的廉洁。现行西班牙宪法实施于 1978 年，宪法规定了公职人员任职基本原则：忠诚，中立，公正，透明化管理，回应性，专业问责以及服务公民。1982 年，西班牙针对公共部门行政不当行为开始立法，次年针对中央政府部门高级行政官员的渎职行为进行立法，但到 1991 年才开始实施。1995 年西班牙针对中央政府部门普通官员的渎职行为进行立法。2005 年，西班牙颁布了《善治准则》（*Good Governance Code*），制定了主要针对高级官员的行为操守准则。2007 年，西班牙进一步针对议会和政府的雇员颁布了行为准则，涉及范围超过 1995 年相关立法规定的内容。2009 年，针对政府内阁成员和高级行政官员在决策和执法过程中可能出现的个人利益与公众利益发生冲突的情况，制定了相关法律。

　　西班牙的加泰罗尼亚特区自 1979 年确立高度自治地位后，与西班

---

　　① 本报告编译自 OECD（2011），*Asset Declarations for Public Officials: A Tool to Prevent Corruption*，OECD Publishing. http://dx. doi. org/10. 1787/9789264095281-en。报告内容实际包括西班牙以及具有高度自治权的加泰罗尼亚特区（Catalonia）两个政治系统的情况。

牙大致同步也制定了有关廉洁政治和防止利益冲突的法律法规。

在西班牙，倡导廉洁政治，防止利益冲突立法活动的推动者是政府，最终的决策主体则是议会。在其他一些国家，来自于民众和社会舆论的压力是影响廉洁政治立法等公共议程的重要力量，西班牙则明显不同，该国在防止利益冲突、公职人员财产申报和公开制度方面的议程设置和立法活动完全起于政府内部。正如西班牙当局所宣称的那样，这方面相关立法的原初目的在于保证公共部门的独立性、公正性，目标直指可能出现的"公共和私人利益冲突"，而其后的立法目标则转向如何更好地防范衍生利益冲突的需要。

在制度建设方面，自 1983 年开始，西班牙为防范公职人员可能出现的公私利益冲突，就提出了"一个职位，一个薪酬"的原则，到 1991 年，开始提出个人利益关联登记制度，2006 年，中央政府设立利益冲突办公室（Conflict of Interest Office—CIO），专司官员收入财产申报工作。

一 利益冲突办公室

在西班牙，利益冲突办公室（CIO）[①]是西班牙作为内阁部之一的公共行政部（the Ministry of Public Administration）的下属机构，设立于 2006 年，是国家层面负责管理和控制公职人员行绩申报和收入财产申报工作的专门机构。利益冲突办公室的预算和编制规模对外没有公开，但其主要任务十分明确：

1. 收集申报信息。西班牙官员申报信息内容包括行绩申报和收入财产申报两部分。

2. 根据数据保护法案相关规定对申报信息立案归档管理。

3. 保证官员行绩和收入申报内容向公众开放（在 2009 年之前西班

---

① 该办公室已设立官方网页 www. mpt. es／ministerio／organigrama／secretaria_ estado_ admon_ publica／oficina_ conflictos. html。

牙官员收入和财产不向公众公开）。

4. 监督控制相关申报工作，对申报内容进行核查、甄别，检查包括漏报、错报、故意模糊行为在内的不正当行为，并对不同时期的申报信息进行分析比较。

利益冲突办公室全面负责申报信息核查工作，为保证申报信息一次通过的完整性和准确性，利益冲突办公室规定，在部门做出核查决定后，不允许任何申诉即直接启动。核查过程中，利益冲突办公室可能针对官员申报内容中出现的明显错误以及信息前后不连贯的问题（主要是和官员最近的税收申报信息比较），[①]向官员所属部门提出意见，要求给予解释。相关的惩治措施则由政府其他部门实施（详见本文第四部分）。

在加泰罗尼亚特区，有两个部门专司官员信息申报工作：人事服务总监察部门（Inspecció General de Serveis del Personal）和成立于1992年的政府部（Departament de Governació），后者主要负责所有公务人员的登记制度，那些达到申报要求的公职人员须向后者提供个人行绩和利益关联信息，前者则负责管理并核查这些申报信息。

二 申报主体

在西班牙，公职人员个人活动和财产、利益关联信息申报、公开并不是针对全部公职人员，而是主要针对那些重要部门且具有高级官衔、个人参与决策对公共利益拥有巨大影响力的公职人员群体。这一群体人数十分有限，他们主要包括：

1. 政府成员；
2. 国务秘书和附属秘书；
3. 政府在公共实体中的代表；

---

① 西班牙的例子在一定程度上说明官员财产申报制度需要很高的行政成本和十分完善的其他制度方面的配合，在国家认证能力不完善的情况下，相关负责部门很难对申报信息的完整性和真实性进行核查。

4. 外交使团首领和派驻国际组织的代表首领；

5. 经部长委员会任命的长官和执行负责人；

6. 国家保护竞争仲裁法庭主席及其成员；

7. 国家信用机构的主席及长官；

8. 公共行政/财政占据主导地位的相关非政府机构中的主席及行政人员；

9. 总统内阁成员以及由部长委员会任命的副总统；

10. 公共基金会中的主席、主任和经理；

11. 部分监察机关的长官；

12. 由部长委员会任命的其他政府公共机构的部分职位的任职者。

在加泰罗尼亚特区，同样是只有高级官员需要申报、公开个人行绩和财产、利益关联，他们包括：

1. 政府内阁成员；

2. 部门总务秘书和副秘书或类似职务任职者；

3. 由政府任命的特别专员；

4. 政府派驻的地区代表；

5. 政府任命的负责管理社会保险机构的长官；

6. 政府任命的负责管理医疗服务机构的长官；

7. 特区主席的特别参事；

8. 特区国有电台和电视台的长官；

9. 特区各类自治机构和公司的主席、行政长官及经理人。

在加泰罗尼亚，政府内阁成员、部门总务秘书、副秘书除了申报个人活动和相关利益关联之外，还需要申报个人财产。为此，政府部门专设有一种高级官员特别登记制度，上述官员需经过这一机制提交个人财产信息。

2008 年，在西班牙 34 万余名各级各类官员中（总数 342346 名）以及总数超过 61 万名（总数 617372 名）公共机构任职者中，按规定仅有 409 名高级官员需要申报个人财产信息。且上述 409 名申报对象的配偶是否申报均采取自愿原则。

三 申报内容与程序

在西班牙，官员需要申报的内容主要分为两类：行绩申报（The declaration of activities）和财产申报（The declaration of goods and assets）。

（一）行绩申报

按照政府申报登记制度要求，行绩申报的内容主要包括：进入岗位之前两年内的任职经历，如果担任公职之前曾在私营部门工作，那么申报信息必须包括曾经工作过的公司集团的名称、性质、曾任职务的名称和性质，和其他公司集团的合约关系，以及其他相关信息。所需申报个人行绩信息，但凡涉及可能出现的与现职所系公共利益相冲突的可能，或已经对申报人个人产生了经济收入或其他形式收益的活动，不论公务活动抑或私人活动，均要求如实申报。

官员申报的个人行绩信息，原则上需向公众和外界公开。凡要求查看相关信息者须履行相关程序和手续才能进入申报登记系统，这些手续包括填报基本个人信息，查看原因以及个人签名等。对于司法机构以及其他涉及反腐败、欺诈调查的相关机构，则无条件开放。

（二）财产申报

按照政府申报登记制度要求，物品和财产申报的内容主要包括相关官员所拥有的可直接兑现的财产、股份等，对于官员占有全部或部分股份的公司企业，必须申明公司名称和企业性质。对于拥有股份超过 10 万欧元的官员，不得直接参与企业经营，需将管理权委托他方。在西班牙，官员所申报个人物品和财产信息长期以来属于保密范畴。自 2009 年 10 月 15 日开始，西班牙政府开始将部分官员财产申报信息定期刊登在一本名为《西班牙官方期刊》（*Spanish Official Journal—BOE*）的杂志上，使之向社会公开。目前，部分申报信息亦能在线查到，公众可以通过政府网查询到主要高级官员的姓名、财产以及个人债务关系等信息，但是不动产的地址和数量信息并未对外公开。

在西班牙，只有以下机构有权查询官员个人物品财产登记系统（the Registry of Goods and Assets）的完整信息：国会和参议院，议会调查委员会，相关司法和检察机构。在加泰罗尼亚，有权查询官员个人物品财产登记系统完整信息的机构与西班牙大致类似，主要包括特区政府议会及司法机构。

西班牙政府为官员物品和财产申报提供了统一的模版，分为电子模版和纸质模版两类。通过一种电子身份证识别系统，政府可以接受官员提交的电子模版财产申报信息。目前，申报模版除了包括官员以外，还已覆盖配偶和两代直系亲属（配偶和亲属申报秉承自愿原则）。

西班牙官员将申报信息直接提交给利益冲突办公室，而在加泰罗尼亚，则提交给政府部，这一部门还通过人事服务总监察部掌握官员行绩和利益关联信息的登记工作。

在西班牙，官员申报材料通常保存期为三年，如果在职期间出现渎职行为，保存期则延长两年至五年。与西班牙不同，在加泰罗尼亚，官员卸任后三个月政府就会将所有申报材料销毁。

四　核查与监督

西班牙针对公职人员行绩和财产申报制度还建立有较为完善的核查机制。主要在出现下述四种情况时，政府才有权启动核查机制：

1. 收到申诉时进行核查；
2. 依据相关部门职权要求进行核查；
3. 官员滞交或拒交相关信息时进行核查；
4. 官员申报财产与政府所掌握收入资源不相匹配时进行核查。

西班牙比较完备的财务、税收信息系统是核查、监督官员财产申报准确性的必要的、可靠的保障。依靠国家的财务、税收信息系统，利益冲突办公室可以随时直接地掌握官员的个人收入信息。高级官员在缴纳个人收入税的时候，除了将税单提交给国内税务服务机构外，还需要将副本同时提交利益冲突办公室备案（但利益冲突办公室并没有权力直接进入国家税务服务机构登记信息数据库）。关于不动产，由于西班牙不动产登记是公开的，因此对于利益冲突办公室来说，也完全可以掌握申报官员的不动产情况。银行系统的个人信息在西班牙并不对利益冲突办公室开放，法律规定银行系统的个人信息对司法机构及部分特别机构（例如加泰罗尼亚的反欺诈办公室——the Anti-Fraud Office）开放，但是依照法律，相关司法机构如果认定相关人员存在刑事犯罪可能时（即刑事立案），在刑事立案审查期，利益冲突办公室有权对嫌疑人的银行信息进行查询，直到刑事诉讼期结束。

西班牙的官员财产申报审查程序主要由利益冲突办公室启动执行，但利益冲突办公室只有调查权和审查权，并没有惩治权，在确定审核结果后，惩治任务将交由政府，按照以下原则对问题官员实施惩治：

第一，由部长委员会负责对存在严重违法违纪问题的高级官员（政府内阁部长成员及国务秘书）进行惩治。

第二，由公共行政部长（负责行政诉讼的部门）对存在严重违法违纪问题的政府内阁其他非部长成员进行惩治。

第三，由公共行政部总务秘书负责对其他存在轻微违法违纪问题的官员进行告诫惩治。

在利益冲突办公室提出指控后，高级官员有 10 天的期限可以申诉，提供反指控证据和其他材料。官员提出反指控证明后，利益冲突办公室会重新针对这些材料复核原有指控、并提出新的基于审核后证据的指控以及相关法律规定。针对新指控，官员有权在 15 天内发表意见和评论。利益冲突办公室的指控具有内部规范的性质，形成相关人员渎职报告后，直接交由政府行政诉讼机关，随之进入行政诉讼程序，行政诉讼部门会对这些指控进行重新审核，也有权根据诉讼程序对利益冲突办公室的指控进行裁决。

相对于一些社会性质、发展水平、文化传统相近或相似的欧洲国家，西班牙的公职人员财产申报与公开制度实行的时间较晚，整体制度与法律也比较松散，尚不完善。一般舆论认为在以下一些问题仍需改进：

首先，对于官员财产申报内容真实性的核查能力还有待提高，主要是对于官员申报物品的价值缺乏客观准确的评估系统。

其次，对于官员申报物品和财产的登记缺乏透明度，在西班牙数十万计的高级公务员和普通公务员中按规定公示个人财产信息的不过区区数百人，这的确太少了。

最后，西班牙政府内部不同部门之间的合作存在问题，效率低下，在数据共享方面有时难以达成合作共识。而缺乏统一有效的信息系统，对于核查申报人信息和进行监管是一个明显的问题。

澳大利亚公务员财产申报制度

冯　钺

澳大利亚的公务员队伍整体比较清廉，这并非澳大利亚一国的特色，而是发达国家公务员群体拥有的普遍特点。

总的来看，澳大利亚也与其他发达国家一样都有一套公务员管理办法，如《公务员法》、《公务员行为准则》、《财产申报法》等，这些法律也是各国，包括大部分发达国家和发展中国家都有的，但各国公务员清廉程度和反腐的效果却大不相同。庞杂的制度有时未必就能很好的打击腐败，但没有制度又是万万不能的。这种现象值得人们深思。

一　澳大利亚廉政建设简况

澳大利亚与其他许多国家一样曾经历过一个由腐败多发期到治理期，再到廉洁期的转变过程。

1970 年以前，澳大利亚公职人员的腐败现象比较普遍，民间对此颇多怨言。很长一段时间之内，部分公职人员惯于利用职权，以权谋私，钻法律的空子，贪污腐败犯罪案件不断上升。腐败问题愈演愈烈，又长期得不到解决，引发了社会的广泛关注和强烈不满。随着时代的进步和社会的发展，澳大利亚的国家建设进入了一个新的阶段，澳大利亚借鉴海外经验，结合本国特点，相继成立了一批反腐机构，不断加强对腐败的预防和惩治力度。经过数十年的努力治理，澳大利亚终于成为世界上公认的比较清廉的国家。根据透明国际 2012 年对世界各国清廉程度的打分和排名，澳大利亚得分为 85 分（满分 100 分），在

176 个国家中排名第 7。①从澳大利亚的经验来看，达到建设廉洁政治的目标，要有一个逐步治理的过程。

简单来说，澳大利亚的廉政建设主要是通过多方面制度的综合配套，形成制度合力制约腐败行为的发生。

第一，法律制度手段。建立健全制约腐败的法律与制度，确实做到有法可依，有法必依，违法必究。

第二，技术手段。实行金融交易电子化、货币电子化，除少部分的日常小额现金交易外，基本实现了电子交易。电子交易条件下实现经济活动的痕迹管理，可以实现对整个经济活动的全过程监控，一旦需要，相关机构很容易核查当事人的经济活动。

第三，管理手段。全面实行实名制，金融、税务、企业等全部联网，个人、公司等经济活动全程接受政府相关部门的追踪和监控。

第四，社会监督手段。澳大利亚大力发展社会监督，鼓励检举揭发，澳大利亚联邦以及各州都有鼓励检举、揭发他人腐败行为的规定，设有专门的检举揭发电话、邮件等联系方式，方便人们对身边的腐败现象和行为进行检举、揭发，而且相关机构会严格保密举报人的情况。这与中国的举报制度有些类似。

第五，文化手段。随着经济发展，人民生活水平提高，为社会道德建设提供了比较好的社会条件。在此基础上，澳大利亚主流社会经过长期不懈的努力，营造清正廉洁的社会文化氛围，不断提高官员以及全民的道德水准，为廉洁政治建设提供了一个比较好的社会文化氛围。

在各种各样的制度中，以经济活动的全程监管、实名制以及信息公开为主要内容的社会监督体制机制以及形成的综合效应是澳大利亚廉政建设的主体和最有效的部分，这是各项廉洁政治建设措施在该国行之有效的重要保证。从澳大利亚的成功经验来看，反腐败和廉政建设，必须多管齐下、综合治理、长期坚持，这应当说是澳大利益廉政

---

① 引自透明国际官方网站。

建设取得的基本经验，相反不能指望一项单独的制度短期内就会对腐败行为起到显著有效的遏制作用。

在这样的背景下，澳大利亚的公务员财产申报和公示制度值得注意和研究。在澳大利亚这项制度既简洁又有效，因为在澳大利亚，广义上来讲每个人的财产都是公开的，只是这种公开制度类型和程度不同，分属几种不同的情况。在税务系统内部，所有人的资金、交税、交易情况都有据可查。在这样的系统下，监督公务员的财产状况就不难执行。

根据《联合国反腐公约》的要求，公职人员应当申报和公示财产："政治家和公务员手中掌握着本国资源分配的切实权力，他们由国民选举产生，国民以交税的方式支付他们的工资。由 166 个国家通过的《联合国反腐公约》要求公务员进行财产申报。研究表明，对国民来说，财产申报供公众查询，是确保领导人不会以权谋私（我们定义为腐败）的一个方法。财产申报是保持政治阶层道德和诚实的手段。"①

澳大利亚公职人员的财产申报与公示制度真正的难点，是公开政治、透明政治与保护个人权利与隐私之间的平衡问题。廉洁政治建设需要公开、需要包括社会监督在内的监督与检察机制，但这又必然涉及个人及家庭财产保护问题，涉及私有产权问题，因为个人信息，尤其是经济、财产信息在现代市场经济条件下，实际上也是产权和经济利益的一部分，同时更涉及对个人及家庭财产和人身自由、安全的保护问题。这样就形成了公开与监督和保护之间的冲突，需要平衡。在价值观上，澳大利亚尊重自由和人权，这其中也涉及了保护个人隐私问题，因此，财产申报与公示制度牵扯到了社会核心价值观等意识形态方面的问题。

从实际实施情况看，澳大利亚公职人员需要向社会公开财产的原则是：国会议员、各州、各地方议员的财产需要向社会公开，这就意味着政府高级官员的财产也是公开的，因为澳大利亚采取的是英国威

---

① 引自透明国际官方网站。

斯特敏斯特体系，以联邦政府为例，其政府部长均从国会议员中产生。议员和高级政府官员作为公众人物，固然也有个人隐私权，但既然谋取公职，在选举前就应清楚财产申报和公开的有关规定，为取信于民，也为了维护政府、议会的声誉，公众人物有时不得不公开一些个人隐私，包括个人、家庭和家庭成员的财产状况。

在具体规定方面，为保证政府的部长、部长级官员、议员等高官廉洁奉公，不会因腐败行为破坏整个公共部门的声誉，"澳大利亚联邦议会于1983年曾通过决议规定部长、部级人员、高级公职人员需要提交书面的私人相关利益（即财产申报）声明"。[①]

对这些高官任职的时间，澳大利亚也有严格规定，只要在同一职位上任满三个月的，均需提交书面财产申报声明："政府高官（在其职位上供职满三个月者）、议员均须进行私人利益登记，包括本人、配偶（或事实上的配偶）和子女（指未成年和由其抚养之子女）的财产情况。……登记的目的是为防止登记人的个人利益与官方利益有冲突的可能。……实行该项规定是为了（在公众中）保持公共部门（政府和议会）的良好声誉。"[②]

澳大利亚规定了需要进行登记和申明的十类财产项目：

1. 房地产；

2. 股票；

3. 信托公司收益；

4. 在公司中任董事的报酬；

5. 从合伙（人）机构获得的收益；

6. 其他投资；

7. 其他资产；

8. 个人的如实收入；

9. 礼品，由他人或机构支付的旅行、招待；

---

① 参见：*Guidelines on Official Conduct ofCommonwealth Public Servants*，Public Service Commission，Canberra 1995，page 68.

② Ibid. .

10. 以及其他好处。①

不实申报的事情在澳大利亚很少见，因为当地金融、银行、保险等方面的电子化建设实现了联通，任何人（包括全体公务员在内）很难隐藏自己的收入、税收、经济活动。虽然澳大利亚全体公务员并不都向社会公示财产，但由于这种无所不在的电子化联通，使任何人的经济状况都在政府有关部门的掌控之中，需要时即可进行调查。

在澳大利亚除了现金交易之外（通常比较少），其他一切经济来往都经过银行走账，所以没有什么信息是查不到的。官员和常人一样，都在整个社会经济体系中，一视同仁。税务局和监察署是主要的监察、督查机构，自1990年以来，澳大利亚在全国范围内开始建设联网数据中心，这个中心已经建成，每个公职人员的基本资料、财务状况等方面的情况全部收录在数据库中。只要这些机构发现相关人员有收入与消费或个人购置财产不对等的情况，税务、监察系统随时可以追查。澳大利亚虽然没有户口制度，但所有的信息全都采用了实名制，对人们的行为有很大的约束力。

"设计完善的财产申报机制是与公共部门腐败问题和滥用权力问题作斗争的强有力的工具。个人的财产公开有利于维持社会对领导人的信任。如果领导人生活情况有异，财产申报会成为调查的起点。"②由此可见，完善的制度设计和职业操守是澳大利亚公职人员保持清廉的两大重要因素，澳大利亚的公职人员不仅要具备从事相关工作的能力和才华，更要有相当程度的道德水准，以德为先是澳大利亚公职人员的从业基本原则。此外，澳大利亚政府不允许公职人员接受价值超过100澳元的礼品（各州规定的数额略有不同），这些做法也符合国际组织关于公职人员财产申报和公示的要求。③

从澳大利亚等发达国家和发展中国家的经验来看，财产申报和公

---

① 参见：*Guidelines on Official Conduct ofCommonwealth Public Servants*, Public Service Commission, Canberra 1995, page 69.
② 引自透明国际官方网站。
③ 同上。

示制度是整个综合反腐制度中的一环，仅仅依靠财产申报制度并不能完全治理腐败，要能够有效监督，必须依靠综合机制的作用，以及整个社会形成的公平、公正、开明、透明、守法等的良好氛围。但这并不是说申报制度可有可无，申报制度是必要的，不可或缺，申报制度首要的功能是形成公务员的信用体系，首先引导公务人员诚实守信，成为廉洁政治中的一个基础性的环节。

二　澳大利亚的综合监控体系

澳大利亚自 1970 年以来，不断加强廉洁政治与法律制度建设，通过和修订了一系列关于加强政府公职人员、私营机构等行为规范和要求的法律、法规，如《公务员法》、《公务员行为准则》、《信息自由法》、《禁止秘密佣金法》、《公司法》、《廉政公署法》、《审计法》、《监察法》、《反腐败道德委员会法》等。为保护举报腐败行为、不公现象的举报人，澳大利亚专门通过了有关的法律，如《证人保护法》、《保护政府内部举报人法》等。由此可见，财产申报和公示只是澳大利亚廉政建设的一个部分。

在加强法制建设的同时，澳大利亚政府和各州政府还建立了一系列的反腐机构。如 1977 年，澳大利亚联邦政府成立了澳大利亚监察专员公署，直属于联邦政府，对总理负责。这一机构是在参考香港经验的基础上建立的，类似于香港廉政公署。后来又在联邦议会的框架内成立了法律与执法委员会，其职能相当于廉政公署的职责。在有些州，如新南威尔士、维多利亚、南澳大利亚等于 1970—1980 年先后建立了各自的廉政公署或类似廉政公署的机构。这些机构在查办腐败方面有着非常大的权力和行动自由，对公职人员可能的腐败行为生产了巨大威慑力。

澳大利亚之所以能够成为世界上比较清廉的国家，除了公职人员财产申报和公示之外，主要在于预防腐败、规范公务行为和阳光政务等方面的综合配套工作做得比较好。

（一）高度重视预防工作

澳大利亚对于腐败现象进行了系统而深入的研究，形成了一整套预防腐败的事前管理与策略准备，比如列出各级公职人员的腐败风险点。事前预防远胜于事后处理，事情一旦发生，处理起来的成本会成倍增加。无论从经济角度或政府声誉角度来看，都有非常不利的影响。澳大利亚联邦和各地独立的反腐败机构有一整套系统分析评估公职人员可能的腐败风险点，以及腐败发生的可能性及后果，并将这些风险点和可能的后果作为教育内容，事先知会相关的公职人员。

（二）大力推行宣传教育

澳大利亚各级公共部门、社会组织都十分重视针对公职人员的教育，各部门会将公职人员行为准则、道德标准和腐败案例，以及可能面临的惩处措施等，下发给全体公职人员，使其知晓严重的后果。同时政府和各种社会组织也非常重视对全体国民在清廉方面的教育。在充分利用行政部门的强力宣传功能之外，社会组织，如媒体、宗教团体、家庭以及各种非政府组织也发挥了重要的教育和防范作用。这种教育渗透到学校教育中，对青少年进行教育，从小就让孩子们树立公正、公平、廉洁、守法的意识，为良好风气的社会打好基础。相比较而言，澳大利亚等西方国家的国民都有很强的守法意识，对维护法律也有着很强的责任感。

（三）开展阳光公务

把议会、政府行为、公职人员的行为置于"阳光"下是反腐败的有效办法。澳大利亚议会和各级政府均要求将不涉密的部门及其行政行为、行政档案对社会公众开放，自觉接受社会、媒体的监督。

（四）加强舆论监督

现代社会公共舆论对公职人员、公司管理层等的监督作用非常大。

澳大利亚的公共舆论监督以及前文所述的各种反腐败措施不仅针对广义上的公共部门（public sector），也针对私营部门（private sector）。舆论监督是现代社会廉洁政治建设的重要的辅助手段。在澳大利亚，上至国家领导人、下自普通警察，时刻都在新闻媒体的监督之下。议会、政府、监察机构等都不得不谨慎行事。

三 澳大利亚廉政建设配套系统及效应

除去直接针对腐败现象的预防、监督惩处措施与制度建设之外，澳大利亚在长期的社会发展进程中，逐步探索和形成了一系列与社会廉洁政治建设相呼应的社会管理体制和公务员管理体制。其中有两项与廉洁政治关系比较密切的措施及其效果，值得注意。

（一）社会诚信体系产生强大约束作用

澳大利亚国民整体素质相对较高，除了法律等的硬性约束外，社会管理体制也对国民产生了很强的约束力，促使社会形成了良好的诚信体系。公平、公开、透明、清廉、诚信是近几十年来澳大利亚各级议会、各级政府、社会组织和国民的共识。人们都知道，在包括澳大利亚在内的发达国家里，诚信记录对每一个人都非常重要，如果一个人的诚信记录有污点，将会对其工作、生活产生严重的不利影响，而且这种污点很难从记录中去除。这样的社会氛围对包括公职人员在内的所有公众形成了无形的压力与制约。所以包括澳大利亚在内的发达国家有"战战兢兢的中产阶级"的说法。一般民众的社会行为比较谨慎，尤其是在涉及经济问题时，稍有不慎就会招惹麻烦上身，轻则破财罚款，造成经济损失；重则失去社会诚信，有丧失中产阶级地位之虞。绝大部分民众，在一般情况下，都会小心从事，在经济规则、法律、政治道德面前不敢越雷池一步。这样就形成了一个有利于法律实行的社会氛围，从而形成法治社会的良好基础。

（二）奖励与惩罚并重的吏治体系

在反腐败的理论论述中，加强监督和惩罚是流行的观点，但也有人认为高薪以及退休后的优厚待遇是预防腐败的重要保障。从澳大利亚的实践看，两方面的因素都是必要的。一方面，如果没有必要的适当的优厚待遇，不能使多数公务人员享有体面的生活，单纯的处罚难以奏效，在待遇低下的条件下，不能保障多数人对法律与规则的遵守。因此，没有优厚待遇，仅有监督惩罚的体制是没有物质基础作为保障的。另一方面，仅有优厚待遇而缺乏必要的约束与惩罚，当然也会形成"欲壑难填"的效应，产生"多少算够"的问题。只有双管齐下，做到既有优厚待遇，又有严格监督、严厉处罚；既给予官员一定社会地位，又要求其必须承担相应责任，才有可能逐步提高政府公职人员、私营机构管理层的清廉程度。

澳大利亚法律对公职人员的生活待遇和退休后待遇，有比较优厚的规定，只要遵守职业道德，工作尽职尽责，在整个职业生涯中能做到公平、公正对待承担的一切任务，公职人员都可以享受到比较优厚的薪水，以及由此而带来的良好生活待遇。而更重要的是，澳大利亚公职人员在完成职业生涯之后，退休便可安享丰厚的养老金。如果公职人员在其职业生涯中一旦发生腐败行为，或事后查出曾涉及了腐败，则会丧失退休后的优厚待遇。退休后的优厚待遇对公职人员既有强大的物质吸引力，又是崇高的荣誉，可以为公职人员赢得优裕而有尊严的晚年生活。这样的机制和效果是不言而喻的。

俄罗斯财产申报与公开制度

徐海燕

腐败是俄罗斯司空见惯的社会现象之一。在众多类型的腐败中，高层官员的腐败是俄罗斯腐败的重要特色。俄罗斯反腐败专家认为："如果说基层腐败（日常生活的事务性的）是在腐蚀国家机关和社会，其主要后果只是增加了对民众的非法税收，哄抬了社会服务的价格；那么上层的腐败，则会改变社会发展的优先次序，扭曲国家的真正利益，最终阻碍国家的发展，破坏社会的稳定。"①

作为"上层腐败"的重要组成部分，行政腐败笼罩着俄罗斯权力机关的各个部门，严重阻碍了俄罗斯投资环境的改善，新经济方式的推动，新产业结构的调整，尤其阻碍了政府资金的分配，使政府不能集中精力推动产业结构的调整和创新经济的发展，已成为"俄罗斯发展道路上的一个重大障碍"。②近几年来，官员财产公开作为反腐败的第一道防线，已经成为俄罗斯反腐败战略的重要组成部分，被俄罗斯政府提到了重要议事日程上。

一 财产公开制度的法律沿革

（一）财产公开制度建立前的法律沿革与实践

俄罗斯官员财产公开制度的建立不是一蹴而就的。在该制度出台

---

① 〔Р〕T. A. Сахаров：политика анти-коррупции，стр. 268.

② Сноска：послание президента Путина к Федеральному，Собранию о положении страны，Кремль. 10. 5. 2006.

以前，防止官员腐败的规定散见于总统令和国家颁布的各类法律法规中。其中，1992年4月4日由叶利钦签署的《有关反对国家行政体系内腐败行为》的总统令，根据该总统令通过的《俄罗斯联邦国家〈公务条例〉》(1995年)，《俄罗斯刑法法典》(1996年)和《俄罗斯联邦行政违法法典》(2001年)等法律文件都多次规定和强调保持行政官员的廉洁性问题。在1997年生效的《俄罗斯联邦政府法》中，有了政府总理、副总理和各联邦部长每年向俄罗斯税务机关申报个人财产的规定。

这一时期，为了防止官员的腐败，俄罗斯当局还借鉴国际经验推出一系列现实举措，主要有两个方面：

一是，从2004年起大幅度提高公务员的工资，以期达到"高薪养廉"的效果。据俄罗斯有关资料统计，2004年，俄罗斯35万名联邦一级官员、部长级官员工资上涨了近4倍，副部长和司长级工资上涨了4—11倍，其他的低级官员工资上调幅度则在3倍以下。2006年5月起，俄公务员工资又提高了15%；2006年10月继续提高了11%；2007年9月又提高15%。从2008年12月1日起，列入国家预算的公职人员工资又提高了30%。

二是，2006年俄罗斯加入了《联合国反腐败公约》缔约国行列，成为世界上第52个批准该公约的国家，一方面以昭示俄罗斯政府打击腐败的决心，另一方面也试图借助国际力量和国际经验帮助俄罗斯反腐败。

在建立专门制度以前，旨在推动官员财产公开的政策、法律只是作为俄罗斯当局反腐败"组合拳"中的一项，逐步显现，但尚未形成一个规范的专门的财产申报的法律文本。

(二) 现行官员财产公开制度的法律基础

奠定俄罗斯官员财产公开制度的法律基础主要是2008年12月25日，俄罗斯时任总统梅德韦杰夫签署的《反腐败法》(第273号联邦法)和2009年5月18日签署的五项总统令。

《反腐败法》是一部具有原则性指导意义的、预防和打击腐败的法律。该法首先界定了腐败的基本概念，确立了预防和打击腐败的主要原则，指明了国家机关提高反腐败工作效率的主要方向，规定了公务员及其配偶、未成年子女提交收入和财产信息的义务等。

《反腐败法》出台后，《俄罗斯联邦政府法》的第十条进行了相应的修订，将财产公开制度扩大到"俄罗斯总理、副总理和部长"等高级行政官员，他们有责任向税务机关提供本人及其配偶和未成年子女的收入、有价证券及其他财产。

2009 年 5 月梅德韦杰夫总统签署的第 558 号总统令中，对官员公开自己及其家属的收入和财产信息，作出了具体的规定：

一是，界定了需要进行财产公开的三大主体，即在联邦担任公职的高级官员（政府成员，国家杜马和联邦委员会主席，省长等），在国家服务机构工作的人员，国有企业的负责人、国有基金会和其他组织的领导。

二是，界定了财产公开的内容，包括：年收入总额，不动产的土地面积、房产、公寓等国内所有不动产，以及运输工具的数量和型号。

三是，规定了财产公开的形式，规定联邦级别的大众传媒可以要求检察机构提供官员收入的信息。国家公职人员如果拒绝提供上述信息，或者提供虚假信息的话，会被解雇。领导人员违背上述条款会受到纪律处分直至离职。[①]

此外，法案还涉及官员财产"任前公示"部分。根据《反腐败法》第八条第 1 款规定，希望充任已被列入俄罗斯联邦规范性法律文件目录中的联邦或市政机关职位的公民，以及已充任俄罗斯联邦规范性法律文件目录中的联邦或市政机关职位的公民，有义务向其主管申报收入、财产和财产性债务的资料，并申报其配偶和未成年子女的收入、财产和财产性债务的资料。第 7 款规定，公民在进入联邦或市政机关时不向其主管申报本人及其配偶和未成年子女的收入、财产和财

---

① Пакетом по коррупции18 мая 2009 г. http：//www.s-pravdoy.ru/allnews/113-protiv-korrup-cii/2077—2009—05—18—15—09—42.html.

产性债务资料的，或者申报明显不可信或不完整的资料的，将被拒绝
接收进入联邦政府或市政机关。①

为了更好地落实上述条款，当时的俄罗斯总统梅德韦杰夫和总理
普京身先士卒为俄罗斯权力机构作出表率。2009 年 4 月 6 日和 4 月 7
日梅德韦杰夫总统和普京总理相继公开了个人收入及家庭财产情况。
此后，俄罗斯副总理和 11 位部长也公开了个人收入和家庭财产。2010
年 4 月，俄罗斯政府所有官员以及国有公司、基金会等领导人的相关
信息亦被公布在网站和媒体。

与此同时，俄罗斯司法和检察部门加大了对贪腐行为的监督和惩
处的力度。2011 年 1 月 13 日，梅德韦杰夫总统要求俄罗斯联邦税务署
和总检察院在三个月内查清国家公务员财产申报单的可信度和完整性。
并提出不实申报的惩罚措施：对贪污分子加以倍数的罚款，最高可达
受贿数额 100 倍的罚款。②

2010 年 4 月 11 日，梅德韦杰夫总统又签署了《2011—2012 年国家
反腐败的战略和计划》，规定国家反腐败计划每两年更新一次，以保证
国家反腐败计划的有效性和连续性。③

此后，俄联邦出台的一系列反腐败律令、方针和政策在联邦主体
层面得到了响应和落实，俄罗斯的各州、市、共和国和自治区纷纷制
定了适合本地区特点的反腐败法规、政策和实施机制。

（三）官员财产公开制度的完善和发展

2012 年 3 月 13 日，梅德韦杰夫总统签署了《2012—2013 年国家反
腐败计划》，进一步强化了行政领域的反腐败措施。与以往相比，有以
下新内容：

---

① Пакетом по коррупции18 мая 2009 г. http：//www. s-pravdoy. ru/allnews/113-protiv-korrup-
cii/2077—2009—05—18—15—09—42. html.

② Медведев поручил проверить декларации о доходах чиновниковhttp：//news. bcm. ru/rus-
sia/2011/1/13/20129/1.

③ история борьбы с коррупцией в современнойРоссии, РИА Новости, http：//ria. ru/
spravka/20120404/615122656. html#ixzz2JNXoRJqb.

一是，对官员的收入和财产的"实时监控"。官员在接受质询时，如果对"来路不明"财产不能够解释来源，即被认为具有犯罪嫌疑，可被解雇，并剥夺财产。改变了法律中原有的"无罪推定"的原则。

二是，与上述规定相对应，规定担任公职的公务员、市政官员、国家所属机构合作单位的工作人员及其家庭成员（配偶和未成年子女），有义务提供购买房地产、证券、股票、车辆等国家规定的应上报财产的凭证。此外，还需要提供大额收入的款项来源等。①

三是，整合政府各部门已有的数据库，建立综合性的电子数据库，以加强对官员个人资产情况的分析和掌握，调查申报收入与实际收入之间、实际资产与合法收入之间是否相符，从而对国家公务人员实行大范围的财产监督，为反腐败提供线索和信息。②

2012 年 12 月 21 日，俄罗斯一项禁止公务员、国家官员及其配偶和未成年子女拥有海外资产的法律草案，在议会杜马一审获得通过。根据上述法律草案，俄罗斯各级公务员、国会议员、现役军人以及内务部、联邦司法系统、联邦禁毒部门、调查委员会、检察官办公室和海关的雇员都将受新法约束，这些公务人员及其配偶和未成年子女均不得在海外拥有不动产、银行账户和证券，除非证明海外账户的资金是用于公务活动、医疗或学术研究目的，方可按例外论处。而且规定，已经拥有海外资产的俄罗斯公务员，必须在 2013 年 6 月 1 日前清理自己的海外资产；未来即使是通过继承获得的海外资产，也必须在产权生效一年内出售或转让有关财产，并将所得款项存入俄罗斯银行。除此之外，那些离开公职岗位的人员在正式离职三年之内，也不能拥有海外资产。违反规定者，或公务员在海外藏匿资产，将被处以 15 万—

---

① Заседание Совета по противодействию коррупции, Март 13, 2012 в 19：15http：//astra-novosti. ru.

② Медведев решил бороться с коррупцией, контролируя расходы чиновниковhttp：//www. mr7. ru/articles/51157/13 марта 2012 г. 15：45 МРистория борьбы с коррупцией в современной России, РИА Новости http：//ria. ru/spravka/20120404/615122656. html # ixzz2JNY134qQ.

30万美元罚款或者5年以下有期徒刑。①

2012年12月12日，普京总统发表国情咨文，再次重申应对政府官员和国有公司高管的开支进行监督，他指出："监督政府官员收入和财产的同时，将开始监督政府官员和国有公司领导以及他们家属的开支和获得大笔财产的交易，并不得在海外拥有资产。检察院现在有权向法院申请没收非法所得财产。"②

2012年12月4日，俄罗斯国家杜马确定，俄罗斯国家机构采购进口货物的优先级别，规定俄罗斯官员禁止驾驶本国以外生产的汽车，只能驾驶国产车，应该给俄罗斯本国的汽车生产商提供更多的消费支持。③

2012年12月5日，最终获得国会通过和总统批准后，俄罗斯公布了新的反腐败修正案《审查公务员消费占收入比例法》。规定政府官员及配偶、未成年子女的一次性支出如果超过此前三年内收入总额时将面临法律调查，相关财务信息将在政府网站公布并交给媒体，怀疑非法购置的财产将被法院冻结，在申报财产中弄虚作假的官员则可能被开除甚至面临刑事指控。

据此，如果俄罗斯政府成员及其配偶一次性消费额超过前三年的总收入，需要提交本人、配偶和未成年子女的收入信息，包括每笔购买土地、其他不动产、交通工具、有价证券及股份的交易。该修正案已于2013年1月1日起生效。④

① Российским чиновникам запретят иметь недвижимость за границей, 1 августа 2012 г. 13：18 MP, http：//www. mr7. ru/articles/57690/

② Продолжение следует：http：//президент. рф, http：//www. amic. ru/news/202063.

③ Чиновники будут ездить на отечественных машинах, 04 декабря 2012 г. http：//sibau-tomag. ru/news/201419/.

④ Федеральный закон от 3 декабря 2012 г. N 230—ФЗ "О контроле за соответствием расходов лиц, замещающих государственные должности, и иных лиц их доходам" 5 декабря 2012 г. в "РГ" - Федеральный выпуск №5953, http：//www. rg. ru/2012/12/04/rashody-site-dok. html.

二 俄罗斯现行财产公开制度的内容

俄罗斯现行财产申报主要包含以下几个方面的内容。

(一) 财产申报的主体

目前俄罗斯公务人员在进行财产申报时,不仅本人需要申报,公务人员配偶和未成年子女,也需进行申报。国家在职人员分为三部分:

一是,联邦国家领导职位的人员,包括总统、政府总理和副总理、总统办公厅主任、政府办公厅主任、列入政府成员的联邦部长、各联邦主体领导人、中央选举委员会主席、杜马议员、联邦委员会主席以及宪法法院、最高法院及最高仲裁法院正副院长及法官,等等。

二是,联邦国家公务人员及其配偶和未成年子女。

三是,非营利性质的国有公司负责人,即国有企业的负责人,国有基金会和其他组织的领导及其配偶和未成年子女。

四是,准公职人员的"任前申报",即对竞聘国有集团公司,国有基金会,以及联邦或市政机关职位的公民先要对收入和财产进行申报,接受审核。

(二) 公开申报内容

2009 年 5 月 18 日的《反腐败法》以附件形式提供了几十张申报表,这些申报表把需要申报的信息细分为五类:

第一类收入信息。主要包括工作收入、教学活动收入、学术活动收入、其他创作活动收入、银行和其他信贷机构存款收入、有价证券及商业组织参股收入、其他收入。

第二类财产信息。包括不动产和交通工具。不动产项下细分为地块、住宅楼、住宅、别墅、车库和其他不动产等类别。交通工具项下有小型汽车、载重汽车、拖车、摩托车、农用机械、水上交通工具、空中交通工具和其他交通工具。

第三类银行和其他信贷机构账户的货币资金信息。

第四类有价证券信息。包括股票和其他股份，还包括债券、票据等。

第五类财产性债权债务信息。包括正在使用的不动产，并按规定要求申报不动产的属性（如地块、住宅楼、别墅等）以及不动产的使用形式（如租赁、无偿使用等）和期限等内容。

第六类债权债务。要求申报超过最低工资额 100 倍定期金融性债权债务，并指明债的内容（贷款或借款）、借款人或贷款人以及债的发生根据、数额。

第七类国外财产的价值和交易资金来源。

第八类超过三年收入总和的一次性消费（投资）明细。

（三）财产公开的原则和时间

按照相关法律，财产公开要按照年度公开的原则，每年进行一次。具体规定为：

一是，联邦国家担任领导职务的人员要在每年 4 月 1 日前按规定提交上一年度所需申报信息。

二是，联邦国家公务人员及其配偶和未成年子女每年 4 月 30 日前提交上一年度所需申报信息。

三是，非营利性质的国有公司负责人、配偶及其未成年子女的申报参照上述相关规定执行。

三　申报程序和管理

根据俄罗斯《反腐败法》第八条第 5 款规定：根据俄罗斯联邦规范性法律文件规定的程序，可将国家和市政公务人员申报的收入、财产和财产性债务的资料，提供给媒体公布。人事部门在受理申报后，可以将当事人申报的不动产、交通工具和年收入信息在各自的官方网站公布或提供给俄罗斯境内的有关大众媒体。

法案还规定了财产公开的范围和比例。公开信息包括：不动产、交通工具和年收入。禁止公布信息包括：可公开信息以外的收入；公务员配偶、子女和其他家庭成员的个人信息；可能判定公务员及其家庭成员居住地、通讯地址、电话号码以及其他通讯信息以及不动产所在地的信息；属于国家秘密或个人隐私的信息；根据反腐败法律规定，相关人员未经允许私自公开需承担相应的法律责任。①

四　责任追究

需要公开申报的信息必须保证其完整性、可靠性，由各机构中负责申报的人事部门有选择地进行核实。如果国家公职人员不提供或故意提供虚假信息，就将面临失去公务人员身份的风险，或者依法追究其他纪律责任。具体为：

一是，希望获得国家公职职位的公民不提供个人及其配偶和未成年子女收入、财产和财产性债权债务的信息或者故意提供不真实信息，将失去获得相应职位的机会。

二是，国家公职人员如果不提供或故意提供虚假申报信息，将被解除国家或地方公职，或者依联邦法律承担其他纪律责任。

三是，各机构人事部门公务人员如果泄露国家秘密或个人隐私，将依联邦法律追究其责任。同样，政府机构负责受理申报信息的工作人员，如果泄露国家秘密或个人隐私，将依法追究其法律责任。

五　俄罗斯财产申报与公开制度的效果及评价

俄罗斯近年来把治理腐败列入国家战略和优先任务并采取了一系

---

① Пакетом по коррупции18 мая 2009 г. http：//www.s-pravdoy.ru/allnews/113-protiv-korrup-cii/2077—2009—05—18—15—09—42.html.

列治理腐败的措施，特别是普京和梅德韦杰夫两位总统近 10 年来一直高调倡廉，铁腕反腐，在法律、行政、教育、舆论等多个层面采取强力措施打击腐败，显示了俄罗斯高层对此问题的重视。俄罗斯公务人员的财产申报和公开制度，可以看做是俄罗斯反腐败斗争从行动层面向制度层面转型升级的一个标志，也是俄罗斯 2008 年以来实施的最引人注目的法律举措。其可贵之处在于，除了对腐败分子和腐败行为进行惩处之外，还以制度化的方式建立起抑制腐败的机制。

　　但即便如此，俄罗斯的腐败问题因历史、文化和发展阶段等多种原因，依然持续，依然严重。俄罗斯的腐败问题盘根错节，积重难返。俄罗斯媒体根据国际清廉组织"透明国际"发布的相关数据，对1996—2011 年俄罗斯清廉指数进行的汇总（见图）可看出，尽管近几年来，俄罗斯当局实施了包括制度建设在内的多种策略、多重举措，但从实际效果看依然乏善可陈。

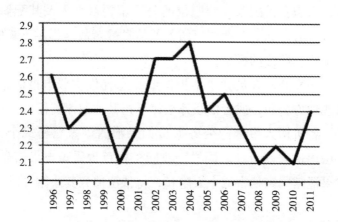

材料来源：Основная статья: Коррупция в России # Оценки Transparency International Динамика индекса восприятия коррупции в России в 1996—2010 годах.

1996—2011 年俄罗斯清廉指数走势图

　　从走势图可以看出，俄罗斯的清廉指数从未达到 3，最高水平是 2.8，最低水平是 2.1。而根据"透明国际"的评价标准，清廉指数满分为 10，分数越低，表明清廉度越差，腐败情况越严重。2008 年俄罗斯颁布反腐败法案后，数值仅在 2.1—2.5 之间徘徊，甚至低于 2001—2005 年的水平。

从"透明国际"2001—2012 年清廉指数排名（见表）来看，俄罗斯在全球的排名情况不容乐观。

2001—2012 年俄罗斯清廉指数在国际的排名

年份	2001	2002	2003	2004	2005	2006
俄罗斯/全部国家	79/90	71/91	86/102	90/133	126/146	121/159
年份	2007	2008	2009	2010	2011	2012
俄罗斯/全部国家	143/163	147/179	146/180	154/178	143/183	133/173

资料来源：2001—2011 年数据参见 Материал из Википедии — свободной энциклопедии, http://ru. wikipedia. org/wiki；2012 年数据参见 Евгения Кузнецова：Россия на 13 3-м месте в новом Индексе восприятия коррупции（"Русская служба 'Голоса Америки'"，США），06/12/2012。

数据显示，2001—2012 年，俄罗斯国家排名介于 79—173 位之间，但并不能说明进入新世纪以来，俄罗斯腐败现象出现了大幅度缓解。由于每年被"透明国际"纳入评估的国家数量不同，俄罗斯纳入统计国家中的排名一直徘徊在队尾，属于严重腐败国家。梅德韦杰夫总理甚至认为，由于腐败的隐蔽性，俄罗斯腐败的实际情况甚至要比公布的数据更为严峻。[①]

在俄罗斯，无论是行贿还是受贿，腐败现象非常普遍。一项调查表明，大部分俄罗斯人承认，为了解决自己的问题，他们都有过贿赂别人的经历。腐败行为"在俄罗斯俨然已成为一种社会生活方式"。[②]整个俄罗斯社会"都在用贿赂来克服行政障碍"，但"障碍越大，行贿

---

① Дмитрий Медведев начинает комплексную борьбу с коррупцией，время публикации：19 мая 2008 г.，13：52 http：//www. newsru. com/russia/19may2008/corrupt. html.

② Дмитрий Медведев в мире коррупции，http：//www. kapi-talrus. ru/index. php/articles/article/175405.

数额就越大，收受贿赂的人的级别就越高"。①另一方面，俄罗斯民众对腐败深恶痛绝，反腐败的必要性认识已是全民共识。但是多数俄罗斯民众对腐败成因和反腐败的方式方法观点各异，并且信心不足。据俄罗斯两个著名的民调机构——全俄社会意见调查中心和列瓦达调查分析中心——对腐败问题进行的全俄范围的民意调查显示，绝大多数的俄罗斯人认为，腐败具有反道德的和违法的性质，对此加以谴责；有40%的俄罗斯人认为，腐败的主要原因是由于官僚的贪欲和商人的不法行为引起的；而认为是由国家机关的无效率和法律的不完善引起的占37%；认为是大部分居民维权意识差，法律素养低的观点占18%。而在莫斯科和圣彼得堡两个地区，57%的居民则认为，腐败现象的蔓延是国家低效率和立法基础薄弱的后果。根据俄罗斯民意调查委员会的调查结果，57%的俄罗斯人认为俄罗斯的腐败不可能根除，而认为可以根除的只占34%。②

正如梅德韦杰夫总理所说：腐败在俄罗斯是一个系统性的问题。③腐败与官僚化和低效率形成恶性循环，使国家财产受到严重侵蚀；整个俄罗斯社会的官僚化和低效率迫使人们行贿，损害了法律公信力和政府公信力；腐败增加企业经营成本，抑制科技创新，恶化市场秩序和经营环境，抑制了企业活力、生产效率和竞争力，成为俄罗斯实现现代化强国梦的重大障碍。更为值得警惕的是，腐败还是俄罗斯国内亲西方势力攻击现政权的借口，严重威胁着国家的政治稳定。

当前，俄罗斯在根除腐败方面存在着悖论，一方面出于维护政治稳定的需要，国家领导人必须利用强有力的国家机构和行政手段来推动国家的发展与进步。但另一方面，又要适时调控强化力度，加强对政权机构和人员的限制与监控，防止对行政权力的滥用和"溢出效

---

① Сноска：послание президента Путина к Федеральному Собранию о положении страны, Кремль. 18. 04. 2002.

② Коррупция в России. www. bd. fom. ru /report.

③ Дмитрий Медведев начинает комплексную борьбу с коррупцией，время публикации：19 мая 2008 г. , 13：52 http：//www. newsru. com/russia/19may2008/corrupt. html.

应"。普遍而严重的腐败问题，是对转型中的俄罗斯社会的一个前所未有的挑战。是俄罗斯最终战胜这个顽疾，还是腐败最终侵蚀甚至毁掉俄罗斯的未来，人们还需拭目以待。

日本政治家财产公开制度

周石丹

　　日本的公务员按照所在勤务机关分为国家公务员与地方公务员，按照职种又分为特别职公务员和一般职公务员。其中特别职公务员分为六类：(1) 由选举产生的职位，如国会议员、地方议员、都道府县知事和市町村地方自治体首长等；(2) 由有任命权的人员根据政治判断所任命的职位，如国务大臣、副大臣、内阁官房副长官、大臣政务官、内阁府法制局长官等；(3) 经国会或地方议会议决任命所产生的职位，如都道府县的副知事、市町村副长官、检察官、人事官等；(4) 根据三权分立原则，在立法和司法机关勤务的人员，如法官、法院职员、国会勤务人员等；(5) 依照国家需要从事特别工作的职员，如宫内厅职员、防卫省职员、自卫队队员等；(6) 由总理大臣或内阁大臣设置的公共咨询委员会的委员、地方自治体审议会以及由地方首长设置的其他委员会的委员。

　　特别职公务员第一类中的地方议员特指为，都道府县议员和市町村议员。对于地方议员和地方自治体首长，依照现行国家法律，只针对都道府县知事与议员和中央政府指定的政令城市①的市长与议员、特别区区长②实行财产公开制度。而对于非政令城市首长、议员和其他市町村自治体首长、议员是否实行财产公开制度，则由各个地方自治体自行判断，其依据是地方自治体是否颁布《政治伦理条例》，以及按照已颁布的《政治伦理条例》中所规定的财产公开制度章程具体实施。

　　目前，日本实行财产公开制度所针对的对象只是限于特别职公务

---

　　① 《地方自治法》第 252 条第 9 款中所指定的人口在 50 万人以上的市。2012 年 4 月 1 日，全国有 20 个政令指定市。

　　② 2013 年 1 月，日本的特别区区长仅限于东京所辖 23 区的区长。

员中的第一类人员中的一部分和第二类人员。这两类人员都是通过选举和政治任命产生，所以定性为职业政治家。据此，现行的日本财产公开制度所针对的对象仅仅是政治家。

概括地讲，实行财产公开制度的对象是经过选举和政治任命产生的官员，而对于通过国家和地方公务员考试所录用的人员不实行财产公开制度。另外，假设即使将地方自治体首长和议员全部算入财产公开对象，实际公开率不到全体公职人员的1%。

日本公开财产政治家一览表①

	公开	自行判断②	不公开
中央政府	国会议员 众议员480名 参议员242名 内阁成员③ 总理大臣1名 国务大臣18名 副大臣25名 内阁官房副长官3名 内阁法制局长官1名 大臣政务官27名 总理大臣辅佐官5名		一般职国家公务员 267645名④ 一部分特别职国家公务员 （自卫队员等）
地方自治体	地方议员 都道府县议员2735名⑤ 政令城市议员1216名⑥ 都道府县知事47名 政令城市市长20名 特别区区长23名	市町村议员（含议长、副议长）18990名⑦ 市町村首长（含非政令城市市长）1719名 （市789 町746 村184）	一般职地方公务员 2788989名⑧
合计	4843名	20709名	约340万

————————

① 根据日本现行国家法律和各地方自治体条例总结归纳作出。

② 自行判断是指由地方自治体根据是否颁布并执行《政治伦理条例》所作出的判断，而非个人的自主判断。

③ 2013年2月1日统计数值。

④ 2012年7月1日统计数值。

⑤ 2011年3月31日统计数值。欠员10名，实为2725名。

⑥ 2012年4月1日统计数值。

⑦ 2011年4月1日统计数值。

⑧ 2011年4月1日统计数值。

一 日本政治家财产公开制度的缘起

20 世纪 60—70 年代，随着日本经济持续高速增长，日本政界出现贪污腐败多发现象。80 年代初期，为铲除腐败，日本在地方自治体层面第一次实行了政治家财产公开制度。

1981 年，日本大阪府堺市发生市议员受贿案。为把受贿议员赶下台，1982 年 8 月，堺市议员、市民运动组织者之一的长谷川俊英成立了市民组织"铲除贪污腐败制定政治伦理条例促进会"，走上街头开展市民运动，征求大规模的市民签名，要求制定《政治伦理条例》，实施公职人员问责制度和市长及市议员财产公开制度。日本的政治家财产公开制度在市民运动中拉开帷幕。

在市民运动的推动下，1983 年 2 月 25 日，参照美国《联邦政府道德法案》，日本大阪府堺市市议会通过《有关堺市市议会及市长的伦理条例》① 的决议（堺市 1983 年条例第 3 号，并于同年 3 月 17 日颁布实施）。4 月 5 日，颁布《有关堺市市议会及市长的伦理条例执行规则》，公布了条例的实施细则。

《政治伦理条例》② 的第三款"提交资产报告书的义务"中规定议员以及市长"每年 5 月 31 日之前，议员应向议长，市长应向市政府提交记录有 1 月 1 日时的资产，地位和官衔以及前一年的年收入和赠与等资产报告书。从提交日开始的 15 日之内，资产报告书必须公开以供市民阅览"。此款明确了市议员以及市长有向社会公开其财产的责任。

第四款"资产报告书记录项目"中规定："收入与赠与的内容为工资，股息，利息，租金，谢礼酬金以及其他此类该当项目，并要求明示其出处和金额。受招待（含交通、住宿、饮食、娱乐）的金额和场所以及情况的简要记述。资产的内容为：（1）本人现居住建筑物和附

---

① 有关堺市市议会及市长的伦理条例：http：//www.hiraoka.rose.ne.jp/A1/sakairinrijz.htm.
② 日本的政治伦理概念等同于美国的联邦政府道德法案中所阐述的政治道德。日语原文中使用政治伦理一词，就此按日文翻译使用政治伦理。

属土地之外的各不动产的明细及价值；（2）供本人现在居住使用的物品和亲属之间的债权债务以及现居住建筑物和附属土地债务之外的动产以及债权及债务的明细及价值；（3）前一年所获得的公债，债券，股票以及其他证券及期货商品交易的明细，日期及价值；（4）本人现居住建筑物和附属土地之外的前一年房地产权益的购买、出售或交换有关的明细，日期及价值。"第四款明确了公布财产所涉及的项目。

第五款"伦理调查会的设置"中规定，"根据日本地方自治法第138条第3项的规定，为对条例规定中所做规定进行审查，特设立政治伦理调查会"，调查会由13人组成，其中6名为现职议员，7名为有选举权的市民。7名市民从公募人员中由市长委任。议会议长向市长提交议员的资产报告书的副本，市长将市长本人的资产报告书的副本以及议员的资产报告书的副本，一并提交给伦理调查会。伦理调查会负责审查资产报告书，并当面听取市长和议员对有关情况的解释，作出调查意见报告，之后提交给市长和议长。伦理调查会的会议一般采取公开方式举行，在不得已的特殊情况下可以非公开进行，但是需要得到2/3以上议员的同意批准。

第七款"市民的调查权"中规定，如果市民对公开的资产报告书有异议时，可以向市长提出对异议部分展开调查。

《有关堺市市议会及市长的伦理条例》是日本第一部具有法律约束性①，涉及地方政治家财产公开的地方自治体条例。此后，要求政治家公开财产的市民运动从两个方面迅速扩大，一是由点及面从大阪府向全国各个地方自治体快速展开，二是由下而上从地方自治体向国家中央政体层面展开。

二 日本政治家财产公开制度的发展

1983年10月12日，日本前首相田中角荣因洛克希德事件被认定

---

① 条例是日本地方自治体在国家宪法以及现行法律原则下，自行制定的有别于国家现行法的且适用于本自治体的自主法。

为有罪，判处4年有期徒刑。田中角荣是战后日本重要的政治家，在日本政界根基深厚，举足轻重。这一案件深刻震撼了日本政坛。中曾根康弘首相也受到了洛克希德事件的牵连，为表清白同时也为了顺应要求政治家公开财产的市民运动的潮流，在1984年1月24日，内阁总理中曾根康弘和各个大臣公开了各自的财产，这是日本第一次在中央政体层面上，主持国政的内阁大臣公开财产。

1989年，震撼日本的战后最大的贿赂案之一的利库路特案被揭露出来，竹下登内阁辞职下台。新上台的宇野宗佑内阁为撇清与利库路特案的瓜葛，以示清廉，内阁全体成员不仅公开了各自的财产，还公开了其配偶和受抚养的家庭成员的财产。

20世纪90年代初期，利库路特案还未完全结案，日本政坛又发生了东京佐川急便非法政治献金事件等一系列腐败案件。为遏制政治腐败现象，日本国会认为，在制度层面上确立政治伦理制度能够进一步健全民主政治体系，而政治伦理制度的重要一环就是提倡清廉政治，公开政治家财产制度，使全体国民能够及时有效地掌握国会议员以及配偶家属等的财产情况，将其置于国民的监督之下。

三 日本政治家财产公开的基本制度

1992年12月16日，日本国会通过《为确立政治伦理而公开国会议员财产等事项之法律》①（日本国会1992年法律第100号，一般称为《国会议员资产公开法》）。《国会议员资产公开法》在国家政治层面上建立起了政治家的财产公开制度，并赋予其具有国家法律效应的约束。此法所涉及的对象为国会众议院和参议院两院的议员本人。同时，要求都道府县和政令指定城市的首长与议员、特别区区长等比照国会议员的做法公开财产。这部法律可以视为，确定日本政治家财产公开的

---

① 《为确立政治伦理而公开国会议员财产等事项之法律》http://law.e-gov.go.jp/cgi-bin/idxselect.cgi?

基本制度。

《国会议员资产公开法》第二条中规定："国会议员必须从任期首日开始的100天之内，向所属议院议长提交资产报告书。"对于新增加的财产，本条款同时还规定"任期中，截止到每一年12月31日所新增加的财产，必须在第二年4月1日至30日期间，向所属议院议长提交新增资产报告书"。

财产公开所涉及的范围细分为9项，规定为：

1. 土地（含归属权属于本人的信托土地）、场所、面积和固定资产税课税标准额以及所继承土地财产。

2. 以利用他人土地作营造（建筑物）等为目的而取得的用益物权和土地租借权，与上述权利相当的土地、场所和面积以及所继承土地财产。

3. 不动产、场所和面积以及所继承不动产财产。

4. 活期存款和往来存款之外的储蓄金额。

5. 有价证券［《金融商品交易法》（昭和23年法律第25号）第2条第1项和第2项规定的有价证券］种类及各有价证券的总额，股票（或相当于发行股票的权利）品种和股票数。

6. 车船飞行器以及美术工艺品（限于100万日元以上的物品）、种类及数量。

7. 高尔夫球场权（限于可以转让的权利）、球场场所。

8. 债权（一同生活的亲族的债权除外），债权金额。

9. 债务（一同生活的亲族的债务除外），债务金额。

在公开财产之外，《国会议员资产公开法》第三条中还规定了国会议员必须公布所得收入。具体内容为：

1. 前一年适合于所得税课税部分的所得收入金额（对于超过100万日元以上的前一年课税项目，需说明金额和其原因）。具体为：第一，总收入金额以及山林所得金额；第二，根据租税特别措置法的规定，且可以不受所得税法第22条规定的限制，由众参两院议长的协议所规定的所得收入金额。

2. 前一年因接受捐赠所取得的财产，且适合于赠与税课税部分的所得收入金额。

同时，《国会议员资产公开法》第四条还规定，国会议员应在每年的 4 月 2 日至 30 日之间，必须向所在议会的议长提交支付其报酬的公司或机构的法人代表名和地址等情况。

对于国会议员提交的财产报告书（包括财产补充报告书），所得收入报告书，公司或机构情况报告书，需要保存 7 年。众议院第一议员会馆地下一层和参议院议员会馆地下二层分别设有专门阅览室，在国家工作日开放供任何个人查阅。

针对非国会议员的政治家，《国会议员资产公开法》要求都道府县和政令指定城市的首长与议员、特别区区长等比照国会议员的做法公开财产。

2001 年 1 月 6 日，日本内阁阁僚会议通过阁议决定，颁布了《国务大臣、副大臣以及大臣政务官规范》，在其第一条第四款中明文规定："内阁总理大臣以及国务大臣、副大臣以及官房副长官、大臣政务官应该在其就任时与辞任时，公布本人以及其配偶和受抚养子女的财产。"但是，此规范没有规定所要求公开的财产范围和受理人员与机构。由于《国务大臣、副大臣以及大臣政务官规范》仅仅是一种行政规范，只具有行政意义上的约束力，而不具有法律的约束力。针对内阁总理大臣以及国务大臣、副大臣以及官房副长官、大臣政务官财产公开的要求，只有在内阁成员同时又是国会议员时，因适用于《国会议员资产公开法》，对其才具有法律约束力。而对于非国会议员的内阁成员即使违反此项规范，也不会受到法律的判处。

《国务大臣、副大臣以及大臣政务官规范》是基于政治伦理而制定的国家政治层面的政治家的行为规范准则，涉及公职活动中保持政治清廉性，约束可能引发贪污腐败的行政行为，行为问责等事项，公开财产的要求只是其中的一部分。

四 日本政治家财产公开制度推及自治体

20 世纪 90 年代开始，在日本国家政治层面先后施行了《国会议员资产公开法》和《国务大臣、副大臣以及大臣政务官规范》。呼应国家政治层面的制度建设，日本在地方自治体层面上，于 80 年代中期以后，开始陆续制定颁布各个自治体的《政治伦理条例》，要求地方行政首长和地方议员（即地方特别公务员）公开本人的财产。截止目前，日本全国共拥有 1719 个市町村自治体①。2008 年 9 月由尾崎行雄纪念财团对全国市町村自治体实施的调查结果显示，当时日本全国已经有410 多个②市町村自治体制定并颁布了各自的《政治伦理条例》。

日本地方自治体中《政治伦理条例》制定率最高的是福冈县，2008 年制定率达到 86%。福冈县的市民团体"政治伦理九州网络"，把日本全国各个自治体制定《政治伦理条例》分为四个阶段：

第一阶段为 20 世纪 80 年代初的草创期，财产公开的对象仅仅限于政治家本人。如大阪府堺市和福冈县饭冢市的条例。

第二阶段为 80 年代中期的发展期，有的自治体把财产公开的对象由政治家本人扩大到政治家二等血亲之内的亲属。如福冈县山田市的条例。

第三阶段为 90 年代初期的停滞期，一些自治体所颁布的《政治伦理条例》之中，没有要求政治家施行财产公开。如熊本市的条例和福冈县久留米市的条例。

第四阶段为 90 年代中期开始的新发展期，除了要求政治家以及亲属公开财产之外，对政治家请托，禁止接受企业和团队的献金，应辞退亲属的承包合同等方面也做了严格的规定。

综上所述，日本的财产公开制度所涉及的对象，在国家政治层面

---

① 总务省情报统计：http：//www. soumu. go. jp/kouiki/kouiki. html.
② "政治伦理条例的现状与课题——以福冈县的事例为中心"，《世界与议会》2007 年 11 月。

上，仅仅限于作为国会众参两院议员，以及作为特别职公务员的内阁国务大臣和副大臣与大臣政务官。在地方自治体层面，为地方特别公务员的地方行政首长和地方议员。

此外，对于政治家之外的其他特别职公务员，自卫队员适用于《自卫队员伦理法》①（1999 年法第 130 号），法院职员适用于《法院职员临时措施法》②（1951 年法第 299 号），他们只要求向上级主管机关报告职务工作中涉及的赠与。

日本的一般职国家公务员适用于《国家公务员伦理法》③（1999 年法第 129 号），要求课长以上职员向上级主管机关报告职务工作中涉及的赠与，以及要求审议官以上职员向上级主管机关报告所拥有的个人收入所得和股票。

回首日本政坛反腐倡廉的历程，一系列重大的腐败案件构成了不断推进日本廉政建设的链条。20 世纪 60 年代开始至今，日本曾经发生了洛克希德事件、利库路特事件、东京佐川急便非法政治献金事件、大藏省接待渎职事件、国会议员铃木宗男受贿事件、日本齿科医师联盟受贿与非法政治献金事件等一系列震惊日本社会的巨大贪污腐败丑闻。政治家以及公职人员的贪污腐败事件导致政党重要人物下台、自杀、司法追究、被判刑入狱。政治家和公务人员的贪污腐败事件对日本政界、经济界和社会产生了巨大影响。1988 年被揭露出来的利库路特事件，90 多名政治家和公职人员涉嫌卷入，总理大臣竹下登辞职。事件发生后，国会修改公职选举法，规定一旦对政治家及公职人员确定因受贿而采取有罪判决，即使是刑期缓期执行，也必须开除公职。以利库路特事件为契机，基于民众对政治家的不信任，执政的自民党被迫启动政治改革，但是由于自民党内部的派阀争斗及其金权政治本质积重难返，再加上 1991 年共和贪污事件被揭露，原北海道开发厅长官阿部文男被逮捕。1992 年东京佐川急便非法政治献金事件被揭露出

---

① 自卫队员伦理法：http：//law. e-gov. go. jp/htmldata/H11/H11HO130. html.
② 法院职员临时措施法：http：//law. e-gov. go. jp/htmldata/S26/S26HO299. html.
③ 国家公务员伦理法：http：//law. e-gov. go. jp/cgi-bin/idxrefer. cgi?

来，1178 人涉案。执政的自民党因一连串的贪污腐败引起的政治丑闻而彻底失去民众的信任，1993 年 6 月，国会通过对宫泽喜一内阁的不信任案，自民党分裂，宫泽喜一解散众议院，内阁全体总辞职，问信于民举行大选。8 月，自民党长期执政 38 年的历史宣告结束，1955 年开始确立起来的自民党单独执政的"55 年体制"崩溃。

虽然一系列的重大腐败案件对日本社会造成了严重的冲击，对一贯以保守严谨形象示人的日本政坛和政治家的公信力和品德造成了巨大打击，但事后来看，经过奋力调整和有针对性的制度建设，日本政治家们以及日本政坛总体渡过了一次次危机，日本的廉洁政治建设在丑闻和案件中不断前行。邻国日本这样的历史经历值得我们玩味思考。

韩国公职人员财产申报
与公开制度

王晓玲

　　韩国是第二次世界大战后成功步入中等发达国家行列的少数国家之一。韩国政府在领导经济发展方面取得的成就曾经令世人瞩目，此后韩国民主制度的发展又被很多学者视为成功案例。但是，韩国政界与官员在国民中的信任度不高，"贪污腐败"是其失去民心的重要原因之一。韩国民众对政府官员道德的要求远远高于现状。自韩国实现民主转型以来，其政治、法律、社会系统对政府官员的监督越来越严密。在这样的过程中，公职人员财产申报以及财产公开制度随之发展完善。

一　法律依据与历史沿革

　　韩国自 1960 年起就曾尝试建立公职人员财产申报制度，但在此后的军政府时期，这一制度发展缓慢、收效甚微，直至 1993 年以文官执政、普选制和政党轮替为特征的"文民"体制时代开始后，这一制度才成熟和稳定下来。

　　1960 年 4 月 19 日，以学生为主的民众发动了"4·19 革命"，反对李承晚政府操纵选举，迫使其下台。这之后上台的民主党政府提出反腐败口号，向国会提交了《公务员财产登录法案》。但 1961 年 5 月 16 日朴正熙发动军事政变，民主党政府下台，《公务员财产登录法案》也被废止。朴正熙政府时期，其总理曾在 1964 年 7 月要求三级以上公务员以及四级行政机构长官共 13003 人进行过一次财产登记，这是韩国官员第一次申报个人财产。暨朴正熙之后上台的全斗焕政府再次强调公职人员的行为伦理规范，并于 1981 年 12 月制定了《公职者伦理法》，主要内容为公职人员"财产登记制度"、"礼物上报制度"以及"离职后就业限制制度"。1983 年 1 月《公职者伦理法》正式实施，要求副部长级以上的公务员进行财产申报，但不对社会公开。1985 年 1 月修订后的《公职者伦理法》将财产申报者的范围扩大到三级以上公务员，仍不对社会公开。

1993 年金泳三政府上台，军人威权体制彻底退出历史舞台。金泳三上台后马上公布了自己的财产，并着手实施"金融实名制"，决心切断政界与经济界的权钱交易，对《公职者伦理法》进行了大规模修订。《公职者伦理法》在 1993 年 6 月经修订后具备了今天的基本轮廓，成为"公职者财产登记制度"、"公职者财产公开制度"、"公职者股票保密信托制度"、"公职者行为限制制度"、"公职者礼物登记制度"、"公职者退休、离职后就业限制制度"的法律依据。此后，韩国不断对《公职者伦理法》进行修改、补充和细化，"公职者财产登记制度"与"公职者财产公开制度"也不断完善。

二　义务财产申报者

"公职者财产登记制度"规定韩国的政务职公务员、四级以上公务员、司法与税务等特殊部门七级以上公务员、国有企业等"公职相关团体"的管理层有财产申报义务，其总人数约 18.8 万人，约占韩国所有公职人员的 18.8%。其具体构成如下：

1. 政务职公务员，包括：总统、国务总理、国务委员、国会议员、地方自治团体①长、地方议会议员等。

---

① 相当于中国的地方政府。当地居民通过选举选出自治团体长和地方议会的议员，自治团体长任命地方公务员，也会提请总统以及相应部门的部长委派国家公务员。韩国现有 15 个广域自治团体（包括一个特别市、五个广域市和九个道）和 230 个基础自治团体（67 个市、98 个郡、65 个自治区）。

2. 四级以上公务员，包括：四级以上国家公务员[①]、四级以上地方公务员以及与之薪酬相当的别定职公务员[②]。

3. 依据总统令任命的外交公务员[③]、四级以上国家情报院职员、总统室警卫。

4. 法官和检察官。

5. 宪法裁判所的宪法研究员。

6. 大令以上的军官以及与之级别相当的军务员。

7. 大学正副校长、研究生院院长、大学中的学院院长、专科大学校长、教育监、教育长、教育委员[④]。

8. 总警[⑤]以上的警察公务员、消防正以及地方消防正以上的消防公务员。

9. 同2、3、4、5、6、8中所提及职位级别相当的其他公务员以及合同职公务员。

10.《公共机关运营相关法律》所规定的国有企业的正副负责人、常任理事、常任监事；韩国银行的正副总裁、监事；金融通货委员会的推荐委员；金融监督院的正副院长、监事；农业协同组合中央会的会长、常任监事；水产业协同组合中央会的会长、常任监事。

11. "公职有关团体"[⑥] 中的高级管理层[⑦]。

---

① 韩国自部长助理及以下的公务人员被分为九级，职级最高的是一级公务员，最低的为九级公务员。一般公务员中，"管理官"级别的公务员是一级公务员，例如部长助理、副道知事、广域市的副市长等。"书记助理"级别的公务员是九级公务员，例如中小学老师等。书记官级别的公务员是四级公务员，例如中央政府的课长、广域市与道政府的课长以及市、郡、区政府的局长等。

② 不在公务员法管理范围内的公务员被称为"别定职公务员"，包括选举产生的公务员、通过国会任命的公务员、国务委员、部长、大使、公使、法官、教师、军人等。

③ "依据总统令任命的外交公务员"指的是六级以上外交公务员。

④ 所有特别市、广域市、特别自治市、特别自治道、道里都设有教育监、教育长以及教育委员。

⑤ 韩国警察职级共分为12级，最高级别为一级，"总警"是第五级，相当于警察署长、警察厅的课长。

⑥ "国家公职者伦理委员会"每个季度都会公布"公职相关团体"名单，每年12月会公布"公职相关团体"的标准。

⑦ "高级管理层"指的是理事、监事判定（名称不同但是承担相同事务的管理者）以上的常任职。

12. 依据国会规则、大法院规则以及总统令任命的特殊领域的公务员和"公职相关团体"的高级管理层。

三　申报内容

　　财产申报的内容包括本人、配偶（包括事实上的配偶）以及直系亲属所拥有的不动产与动产。动产中1000万韩元以下的现金和债券无需申报，价值500万韩元以下的宝石无需申报。除此之外，高尔夫会员卡、向非营利组织捐献的财产等也需要申报。财产公开义务者和金融委员会四级以上公职人员所持有的股票价值如果超过3000万韩元，需要将其卖掉或者签署保密信托（Blind Trust）合同后进行财产申报。

　　需要申报财产的亲属指曾祖父母、祖父母、父母、子女、孙子女、曾孙子女等直系亲属，但其中已出嫁女性不包括在内。亲属中不受财产登记义务者抚养的可以拒绝告知其财产，但需要接受事前审查，且每三年重新审查一次。

四　申报方式

　　初次担任财产申报义务职务者，需要在就职后两个月之内完成财产申报。已经担任相应职务者，每年2月之前需要以上年12月31日为基准对上年的财产变动情况进行申报。财产申报义务者在退休、离职或者被免除申报义务后，需要在一个月之内进行财产申报。

　　财产申报义务者在被派驻国外工作以及休职期间可以暂缓财产申报，最长可以缓期三年。财产申报义务者在被拘禁、失踪等情况下，可以在得到"公职者伦理委员会"的同意后被免除申报义务或者暂缓申报。财产申报期内，因为海外出差等原因不能按时申报者，可以向相关机构申请延期申报，财产公开义务者最长可以获准延期20日，财产申报义务者最长可以获准延期30日。因病假、滞留海外、被拘捕等原因需要推迟财产登记者，其相应情况结束后30日内需要进行财产登记。

国会议员以及国会公务员向"国会事务处"进行财产申报；法官、法院公务员向法院行政处申报；宪法裁判所长、裁判官与宪法裁判所公务员向宪法裁判所事务处申报；中央选举管理委员会与各级选举委员会公务员向中央选举管理委员会事务处申报；政府的财产公开义务者以及未指定财产申报机构的公务员向行政安全部申报；不属于财产公开义务者的中央行政机构公务员以及"公职相关团体"的高级管理层向其所属的各部、处、厅申报；环境部部长、国土海洋部部长、国税厅厅长、警察厅厅长、海洋警察厅厅长指定的下属公务员向其各所属机构申报；监察院公务员向监察院申报；地方自治团体公务员以及"公职相关团体"高级管理层向各地方自治团体申报；地方议会议员、地方议会公务员向各地方议会申报；各市、道教育厅公务员向各市、道教育厅申报。

五 管理机构

负责对申报财产进行审核的部门是"公职者伦理委员会"，该委员会还负责对财产公开义务者的登记财产进行公示、监督公务人员对其公务活动中所接受的礼物进行申报和上交、接受公务人员的股票保密信托、监督公务人员退休或离职后的就业去向并在符合规定时向其发放就业或从业许可。

韩国现在共有 267 个"公职者伦理委员会"，中央政府、国会、大法院、宪法裁判所、中央选举管理委员会、地方自治团体以及特别市、广域市、道、特别自治道的教育厅里都设有"公职者伦理委员会"。

"政府公职者管理委员会"共由 11 人构成，其中正副委员长各 1 名，委员 9 名，均由总统委任或者任命。11 人中包括委员长在内的 7 人是委任职，他们是法官、教育家、有学识威望者以及市民团体推荐的人选，任期 2 年，可以连任 1 届。委员会中包括副委员长在内的 4 人是任命职，副委员长是韩国行政安全部的副部长，其他 3 人都是政府公务员，在政府内任相应职务期间同时兼任伦理委员会委员。现任"政府公职者管理委员会"会长曾任首尔市市长、3届国会议员、大国家党政策委员会议长、国会农林海洋水产委员会委员长、宪法裁判所所长、政治相关法特别委员会委员长，在韩国的政治、法律界都有很高的威望。在此之前的10任"政府公职者管理委员会"会长中，有6人曾任法院院长或大法官，4人曾任大学校长。各市、郡、区的"公职者伦理委员会"由5人构成，其中正副委员长各1名，包括委员长在内的3人一般是法官、教育家、有学识威望者以及市民团体推荐的人选。

六　财产公示

现在韩国的财产公示义务者大约有1800人，约占韩国全体公务人员的0.18%。其具体构成如下：

1. 所有政务职公务员；

2. 1级公务员以及与之薪酬相似的别定职公务员；

3. 根据总统令任命的外交公务员和国家情报院的企划调整室室长；

4. 高等法院部长级以上的法官和大检察厅检察官以上的检察官；

5. 中将以上的军官；

6. 大学正副校长以及特别市、广域市、特别自治市、道、特别自治道的教监与教育委员；

7. 治安监以上的警察以及特别市、广域市、特别自治市、特别自治道、道的地方警察厅厅长；

8. 地方国税厅的厅长与3级公务员；

9. 属于高级公务员团的海关长；

10. 国有企业正副负责人和常任监事；

11. 韩国银行正副行长和监事；

12. 金融通货委员会的推荐委员；

13. 金融监督院正副院长、院长助理、监事；

14. 农业协同组合中央会、水产业协同组合中央会的会长与常任监事；

15. 根据总统令任命的政府公务员以及"公职相关团体"的高级管理层；

16. 从上述职位上退休者，需在退休后一个月内对财产变动情况进行登记。

财产公示时间为财产登记结束后的 1 个月之内，以官报的形式公开。官报在互联网上可以查询（gwanbo. korea. go. kr）。

七　审核与处罚

"公职者伦理委员会"负责将申报资料与查询结果进行比对，然后对财产形成过程进行审查，其中包括：对申报财产的资金动向进行审查，了解财产的取得日期、途径和来源；对于现金、私人债务债券以及一定金额以上财产的取得途径进行确认；确认是否有利用职务获取财物的情况，一经发现异常情况立刻通告有关机构。如需进一步澄清和确认，公职者伦理委员会有权要求当事人提供说明，包括提供资料或书面作答，如果发现进一步的问题可向法务部部长（或国防部部长）提出调查请求。公职者伦理委员会有权根据调查结果，作出处分决定。

财产申报义务者在财产申报过程中出现以下问题时，"公职者伦理委员会"将作出相应处罚：

第一，规定期间内未进行财产申报。

第二，未对财产变动情况、股票交易内容进行申报，未提供说明资料，对财产形成过程提供的说明材料不真实，无正当理由拒绝对财产形成过程提供说明材料，不经允许阅览或复印财产申报信息，虚假申报财产。

第三，不配合"公职者伦理委员会"对所申报财产进行审查。

第四，将财产申报内容用于不符合《公职者伦理法》目的的其他用途，向其他人泄漏财产登记内容。

对于上述违反规定者，"公职者伦理委员会"将酌情作出以下处理：要求财产申报义务者补充材料、警告并告知违规者所属单位、处以罚金、在报纸上以广告的形式通报、要求违规者所属部门负责人解聘违规者。

八　实施效果

"透明国际"的评估结果显示，韩国在全球范围内属于较透明清廉的国家，2012 年在 174 个被调查国家中排第 45 位。但是在经济合作和发展组织（OECD）国家中，韩国的透明度一直排在后几位，落后于其经济发展水平，落后于同期实现经济发展与政治民主化的台湾地区。不过，自 1995 年"透明国际"发布调查数据以来，韩国的清廉度得分大体上呈上升态势（见图）。

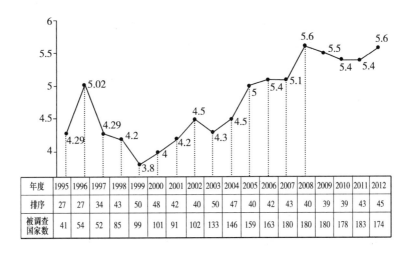

年度	1995	1996	1997	1998	1999	2000	2001	2002	2003	2004	2005	2006	2007	2008	2009	2010	2011	2012
排序	27	27	34	43	50	48	42	40	50	47	40	42	43	40	39	39	43	45
被调查国家数	41	54	52	85	99	101	91	102	133	146	159	163	180	180	180	178	183	174

透明国际公布的韩国清廉指数及其全球排名

韩国自 1983 年开始实施公职人员财产申报制度，制定这一制度的全斗焕政府以及此后的卢泰愚政府有着"政经勾结"的恶名，这两届政府的官员与商界进行权钱交易的现象非常严重。当时韩国政府很大程度上领导着经济发展，政府官员掌握着各种许可证和审批权，对银行贷款的影响力很大，贿赂政府官员被企业当做一种"准税收"。在公职人员财产申报制度实施后，韩国的腐败现象并没有显著改观。

韩国自 1993 年开始实施公职人员财产公开制度，这一年是韩国的政治转型年，金泳三宣布建立"文民政府"，军人政权彻底退出历史舞台，韩国民主制度走向稳定和巩固。自此之后，韩国行政官员的廉洁状况有所改善，无论是贪腐案件的数量还是严重程度都明显降低，而且一直在改善过程中。但是，之所以发生这种转变的原因是来自多方面的，在公职人员财产公开制度出台的同时，韩国的经济政治社会环境都发生了巨大变化。韩国经济不仅市场化程度加深，而且参与经济全球化的速度加快。1997 年亚洲金融危机之后，韩国在国际货币基金组织（IMF）的要求下进行了符合新经济自由主义经济主张的结构调整，经济透明度提升了，市场对国际资本彻底开放，韩国大企业也完全成长为国际化企业。韩国经济体制的变化使政府对企业的影响力越来越小，这也意味着官员权力的市场越来越小。与此同时，随着民主制度的巩固，国会、司法、舆论、市民社会对政府官员的监督能力增强，官员的行为受到多方面的监督。反腐败制度本身也在不断完善，"公职者财产登记制度"、"公职者财产公开制度"、"公职者股票秘密信托制度"、"公职者礼物登记制度"、"公职者退休、离职后就业限制制度"、"公职者行为限制制度"、"选举法"等多项制度共同制约着公务人员的行为。在这其中，单独一项"公职者财产公开制度"在提高公职人员清廉度方面究竟起到了多大作用，韩国国内没有明确的评估。一般认为，公职人员财产公开制度更多起到的是提前警示和约束作用，至今为止韩国未发现通过财产登记或者公开而暴露的重大贪腐案件。

韩国完成民主化改革后，其行政官员的廉洁状况有所改善，但在选举和政党活动中企业向政党提供政治献金的现象又成了韩国政坛新的弊病。企业通过做假账筹集政治献金的情况屡屡曝光，这些政治献金数额之大经常令韩国人瞠目结舌、愤怒不已。韩国学者将这种腐败归入"政治性腐败"的范畴，有别于所谓"行政性腐败"。如果说"行政性腐败"是发生在行政领域的权力寻租行为，那么"政治性腐败"是韩国实现民主化以后新出现的一类与选举有关的腐败行为。自完成民主改革后，韩国的"行政性腐败"不断改善，但高官们甚至总统还是经常爆出腐败丑闻。自金泳三至卢武铉，韩国总统无一例外卸任后都被检察官调查，总统的亲信经常因为贪污锒铛入狱，这成了韩国人的耻辱。在韩国，人们长期以来认为"保守派"政党与财界关系密切，是富人的代言人，在道德上存在瑕疵，"民主派"政党是民主革命的后继者，是民众的代言人，而"进步派"也往往在选举中打"清廉牌"。但是，"民主派"的代表人物金大中与卢武铉也都被曝光接受了巨额政治献金，其亲属也都身陷贪污丑闻。对政界的道德修养感到失望的韩国民众对司法以及反腐制度建设寄予很高的期待。但是在 2005 年，震动韩国的"三星 X 档案"把大企业向总统候选人提供政治献金，并且广泛贿赂司法、行政、市民团体的行为公布于世，韩国的司法公正也受到了致命一击。韩国社会越来越深刻地认识到，即便有健全的法律制度也很难迅速斩断贪腐的现象，韩国还需反思其传统文化中的"人情关系"，还需提升公职人员甚至市民社会的素养，反腐败的道路还非常漫长。

新加坡财产申报制度

郭　静

新加坡是世界最廉洁的国家之一，它的反腐败制度和措施得到广泛肯定和仿效。新加坡的财产申报制度，被视为新加坡反腐败的重要措施和经验之一。

一　财产申报制度的主要内容

新加坡财产申报制度①的法律依据是新加坡公务员的《行为与纪律》准则（Conduct and Discipline），其中规定所有从事公务的固定常设公务员②必须定期申报个人财产状况。制度的具体内容如下。

（一）申报主体

新加坡公务员财产申报主体为所有从事公务的固定常设公务员（confirmed permanent officer in the public service）。按照职位管理办法和人员身份，新加坡分为固定常设和非固定、非常设两种。所有固定常

---

① 新加坡财产申报制度的内容，参考了刘守芬、李淳主编《新加坡廉政法律制度研究》，北京大学出版社 2003 年 3 月版；新加坡法规在线网站（http://app.agc.gov.sg/）：public service（disciplinary proceedings）regulations，revised edition 1996；political donations act（chapter 236，section 32），political donations regulations，revised edition 2002；prevention of corruption act，revised edition 1993；新加坡贪污调查局、新加坡国家统计局网站、公共服务署网站等资料。在新加坡驻华大使馆帮助下，就文中信息咨询了新加坡政府公共服务署。

② 这项制度覆盖的公务人员（public servid），包括在政府部门和国家机构中工作的公务员（civil service），在法定机构中工作的政府雇员。

设公务员都要进行财产申报，非固定非常设的公务员不进行财产申报。

由选举产生的包括政府总理、部长等在内的议员，其职位是不固定的，不在公务员之列。

（二）申报内容

新加坡公务员财产申报分为：家庭财产申报、"财务困窘"申报和礼品申报三种。

1. 家庭财产申报。家庭财产的内容主要是：初次申报须要全面申报，以后每次申报时不须重复申报，只须申报发生变动的或新增的财产、利益和投资。须申报本人、配偶和扶养的家庭成员的财产状况，包括：土地、房屋等房地产；汽车、船舶、航空器；一定数额以上的现金、存款、在私人或公开上市公司的投资与股份、债权、债务；一定价值以上的家用设备、装饰品、珠宝、首饰、古玩、艺术品、收藏品；信托资产；一定价值以上的无形资产；薪资所得以外达到一定比例或超过一定数额的其他各项收入七大类。

申报财产时，必须写明其名称、价值、占有数额，说明取得的来源、日期、估价方法、变动情况等，以便掌握财产来源是否违法。

2. "财务困窘"申报。"财务困窘"申报的内容是：签署未来一年之内不会陷入财务困窘的承诺书。财务困窘状况包括：破产；违反有关金钱借贷规定中不能签发有价票券的规定；公务员未担保的债务及责任，超过本人三个月的薪俸；被法院判定为债务人并且不能在七天内清偿债务四项。

3. 礼品申报。礼品申报是有新加坡特色的一项制度，严格说不属于财产申报的范围。新加坡《防止腐败法》要求公务员原则上不得收受任何形式的馈赠，以有效避免财产来源不清现象，因此本文将这项有特色的制度作为新加坡财产申报制度的一部分。礼品申报的内容是：如果当时不可能退还礼品（例如事后才知送礼，或是拒绝不礼貌时），公务员事后应当立刻填表告知本部门的常务次长，并将礼物与申报表格送交财务主管评估价钱。公务员的配偶、子女以及其他与公务员共同生活者，均须遵守此项规定。

（三）申报方式与时间

新加坡财产申报按入职申报、定期申报和随时申报三类进行。

入职申报是指，每位新任公务员入职时需要填写财产清单，到法院的公证处接受审查并由指定的宣誓官签名；同时填写"财务困窘"承诺书，如有财务困难，应另表列明财产状况。

定期申报是指，在任公务员每年1月2日须申报家庭财产变动情况，每年7月的前三周之内须完成个人"财务困窘"申报。

随时申报主要包括：礼品申报；购买建屋发展局的房产以外的房产，须在一周内向本部门报告；家庭财产如有变动，应自动填写变动财产申报清单，写明变动原因，替换原来的财产清单。

（四）管理和审查制度

新加坡的财产申报管理部门和行政负责人是公务员所在部门的常务次长和贪污调查局。

公务员将财产申报以密件方式，亲交本部门的常务次长亲启。常务次长有审阅所属公务员财产申报表的权力，评估公务员的投资及所得利益有无与公职存在利益冲突，如有怀疑时，应将相关申报书，送交财政部与公共服务署次长审核后决定。

各政府部委每年将所有公务员的财产申报书汇集成册，列入机密档案，仅有极少数的官员有权查阅，不得对外公开。除非遭到检举或牵扯贪污案件，申报资料原则上不主动审核。贪污调查局有权查阅审查申报资料。

（五）财产申报的责任与处罚

新加坡在一般情况下不对公务员申报财产进行核查，但对于来源不清和有不当性质之嫌的公务员财产和财务状况，将严厉惩罚。

在家庭财产方面：公务员家庭财产不正常增加，而又未能说明合理来源，即可推定为贪污嫌疑，由被告承担举证责任。如果财政部与公共服务署次长认为公务员的投资和房地产购买项目与其职位存在利益冲突，可命令该公务员终止该投资或获利，或者许可其继续保有，但给予特别限制。

在财务困窘方面，如公务员处于财务困窘状态，或是未诚实申报财产状况，则可能面临革职的纪律惩处。

在随时申报礼品方面，违法接受礼品、馈赠或饮宴款待，一律以贪污论处。

二　新加坡财产申报制度的特点

对比其他国家，新加坡的财产申报制度具有一些特点，与该国的客观条件、经济政治状况等有着紧密关联。

第一，申报对象是公务员，而不是政治家。

新加坡财产申报制度的显著特点是：要求公务员申报而不涉及政治家。这一点，与绝大多数实施财产申报制度的国家不同。

新加坡实行这一特点的财产申报制度的原因是，新加坡议会政治存在腐败的风险较小，提高政府部门的清廉程度则成为新加坡治理腐败的重点。新加坡对选举活动和议员有严格的法律制约，严格限制竞选资金筹集和使用，严格规范议员的行为，不允许干涉公务员行使职权。此外，与新加坡政治的特点也有一定关系。新加坡议会中反对派较少，政策制定的实际权力相对集中在执政党领导的政府，来自社会和议会内部的议员游说现象较少，也减少了议员履行公共职务时的利益冲突的风险。

对于议员也不是完全没有财产方面的监察制度。对议员财产和收入方面的规范主要针对内阁成员：《部长行为守则》（Code of Conduct for Ministers）规定，内阁部长在任命之前，要通过总理向总统申报自己的收入来源、投资、负债等财产状况。此外，根据新加坡《政治捐献法》，在选举登记和选举之后，捐献人和被捐献人都必须申报每一笔政治捐献。

第二，自主申报，不主动审核。

新加坡是城市国家，国家规模和公务员总量都很小，由此形成了新加坡要求公务员实行普遍自主申报制度的客观条件。新加坡只设一级中央政府，有 15 个部和 1 个首相办公室。据新加坡国家统计局数据，2011 年，在这些部门工作的约有 77540 名公务员，在法定机构（Statutory Boards）工作的政府雇员 53688 名，他们也需申报财产。因此，即使按照普遍申报的要求，真正需要财产申报公务员的数量大约为 13 万人。

新加坡采取不主动审核申报材料的制度，避免普遍申报制可能导致的巨大的审核工作量，降低监察和管理成本。新加坡财产申报制度要求全面详细地列明家庭经济状况，加上家庭成员的财产情况、申报信息十分复杂，全面审核这些申报材料和数据，是一项消耗巨大的低效工作。即使是新加坡这样比较富裕的国家，也难以承受。新加坡在公务员财产申报的管理中，采取的便易方法是各部门负责人审阅但不必审核申报材料，审阅的重点在于发现公务员的私人利益是否与其承担的公共职责存在明显的利益冲突，评估影响其公正履责的可能性。申报材料在各部门严密保管，以备举报或案件调查时核对。

第三，申报材料不对外公开，但快速回应检举投诉。

新加坡公务员所有申报材料被列为机密档案，有权查阅的人很少。不公开财产申报材料的原因是，新加坡奉行精英治国政策，议员和公务员都是个人才能较为突出的人才，他们的个人及家庭财产总体处于社会中上等水平。据李光耀先生的说法，如果公开他们的财产，将减少吸引人才的机会。不公开财产也可以避免引发不必要的社会争议。

但是，作为对于财产保密的一种制度救济，新加坡政府对于有关公务员财产申报方面的检举和投诉高度重视，一般采取快速清查、及时公开、严肃处置的处理方式，以维护财产申报的严肃性和公信力。1996 年 3 月，新加坡社会传言李光耀、李显龙父子在 1995 年购买房产时有以权谋私的嫌疑。得知这个情况后，当时的吴作栋总理设立专门调查委员会进行调查，结果表明李光耀父子购房与其他客户一样，只是享受正常的折扣，并未有特殊优待。在国会针对购房的时间问题展开辩论前，李光耀发表了一个半小时的讲话，向国会介绍了自己购买房产的来龙去脉及获得折扣的原因。此事得以迅速平息。新加坡的腐败案件调查和司法过程的效率都很高，做到了"敏捷和准确"，每年涉及腐败的案件的开庭率在95%以上。

第四，没有专门立法，但是严格执行相关法律。

新加坡是严格奉行法治的国家，实行立法先行的原则，法律体系比较完备严密。对于涉及十几万人的财产申报制度，新加坡没有专门立法，只是作为公务员"行为和纪律规范"的一部分，由政府部门自行受理，不主动审核，属于内部申报，不对外公开。

新加坡的财产申报制度，不像一些国家制定了非常繁杂的专门法律，设立了专门负责实施的机构，也不引入公众和媒体监督，似乎非常宽松。这样的制度，在有些国家可能会落得个有名无实的局面。

从法律与制度角度看新加坡的财产申报制度，这项制度之所以得到比较好的执行，首先在于新加坡比较好地利用和执行了相关反腐败法律中对于公务员财产的监督条款，切实做到了有法必依，执法必严。此外，法律与制度外的因素也值得重视。新加坡政府高薪养廉，对于政治家及公务人员"善养严管"，能够吸引优秀的人才构建公务员队伍，保证公务员队伍的良好素质，并建立起一种良性的公务员文化。这样的体制机制为新加坡建设廉洁政治，保持公务员队伍的优良品质和政府信誉奠定了良好基础。

三　新加坡财产申报制度实施效果问题

新加坡财产申报制度是新加坡廉政制度的一个环节，财产申报在反腐倡廉中究竟发挥了什么样的作用，很难单独加以评估。

对于公务人员财产状况进行监控，是规范公务人员公务行为、防止利益冲突的手段之一。财产申报属于监督范畴，而监督毕竟不是腐败问题的最主要的相关因素。腐败高发的最主要相关因素还是公务员的待遇问题和利益冲突的机会。从这一观点看新加坡财产申报制度的实际效果，不应给予过高的估计。因为当建立和实行财产申报制度的时候，新加坡已经度过了腐败盛行"高发期"阶段，随着工业化、现代化进程以及社会结构变动期趋于平缓，腐败问题也进入了自然趋缓的阶段。1959年，人民行动党初掌政权之时，公务员的贪污、行贿、受贿、敲诈勒索等腐败现象非常普遍而严重，裙带关系盛行。1960年，新加坡制定并颁布了《防止腐败法》，授予贪污调查局更大的调查权力，并且加重了对腐败者的刑罚。随着新加坡经济的成长、社会结构的变化和人民生活水平的普遍提高，当然也在廉政建设的经年努力之下，从20世纪60年代后期至70年代，新加坡公务员普遍性的腐败状况逐步得到了的缓解和最终的扭转。实施财产申报制度，无疑有利于进一步提升公务员的诚信和廉洁，但在新加坡，似乎很难将廉洁政治的主要助力归于这项制度。

从实际表现看，新加坡财产申报制度主要发挥了征信、预防和警示作用。新加坡贪污调查局公布的一个重要案件显示，一位空军上尉因赌博欠债过多而接受贿赂，为对方提供了新加坡空军外购合同资料。这一贿赂行为发生于2008年3—8月间，而案件于2011年8月审结。这一明显由财产困窘而引发的案件，恰恰不是由家庭财产申报以及"财产困窘"申报制度发现和揭露出来的。从新加坡财产申报制度的初衷和实际措施看，财产申报资料主要是备查，但是内容全面详细的申报，能够提醒公务员谨慎取得任何财产，约束个人的经济行为，同时经过公证的财产信息也给公务员提供了法律保护。

新加坡的财产申报制度，与其他制度是相互配合的。从新加坡腐败防治的实践看，提高反腐败能力，能够有效发现和惩处腐败是清廉的基本保障。新加坡独立初期，面对严重的腐败现象，授予贪污调查局以较大的调查权力，有效提高了腐败调查能力和实际效果。正如现任贪污调查局局长所说，腐败调查能力必须不断提高，以跟上腐败行为的变化。为此，贪污调查局不断提高科技水平和财务调查能力，采用精巧的办法，追踪资金动向和腐败过程。同时，贪污调查局注重采取措施，消除民众举报的障碍，保护举报人并惩处恶意投诉者，依法查处案件，赢得民众的信任和支持，并塑造了摒弃腐败行为、将其视为严重罪行的社会氛围。

除了严格的法律和反腐败措施之外，新加坡始终强调改进行政程序，把建立有效的行政系统，视为预防腐败的首要措施。例如，调查并接受公众意见建议，检讨政府规则是否形成有利于经营的环境并作改进；通过公众反馈和服务标准透明措施，减小公职人员索贿空间。新加坡的理念和实践经验是：行政过程越严密、运行越有效，腐败的空间就越小。

印度公职人员财产申报
与公示制度

冯立冰

印度公职人员的腐败行为极为普遍，印度政府采取了不少措施规范公职人员的行为、防治腐败，财产申报与公示制度建设是其中很重要的一项举措。早在 20 世纪 60 年代，印度就出台了政府行政官员向上级机关申报财产的规定，半个世纪以来，特别是近十年来，为了提高行政透明度，恢复和重建民众对政府及公职人员的信任，印度政府加快财产申报与公示制度建设，出台了一系列相关法律法规，财产申报与公示制度涉及人员的范围从政府行政官员逐渐扩展到议员、邦立法院成员、法官以及地方自治机构成员，申报与公示财产的内容也日趋完备。

一 印度经济腐败、行政腐败、政治腐败严重

印度独立后保留了英国殖民统治时期建立起来的文官制度，所有的行政官员都是受过高等教育、通过严苛的选拔考试的技术专家。独立后的印度在政治上建立民主制度，在经济上采取国家干预经济的发展模式，全国上下大大小小的事情都需要政府许可证，行政官员掌握发放许可证的权力。不仅如此，印度宪法承袭了《1935 年印度政府法》中对行政官员的保护性条款，这使得行政官员成为一个很少受社会约束的特权集团，他们可以轻而易举地以权谋私。行政官员及其子女、亲属借助官员的权力和影响力攫取巨额财富，行政官员还与政党、

商人勾结，从中获取各种好处。行政官员和政党的腐败，特别是部长级别的高级官员的腐败行为，严重打击着印度人民寄予国家和政府的热切期望与信任。

20世纪六七十年代，当时的印度政府为了防治腐败、提高行政效率，指派调查团调查公务人员腐败行为，比如，1962年尼赫鲁政府任命桑塔南委员会（Santhanam Committee）调查从中央到地方所有层级政治、行政机构的腐败情况。桑塔南委员会的调查指出官员的腐败行为正在侵蚀着印度整个行政体制，宪法中对行政官员的保护性条款使得惩治腐败行为异常困难，建议修订相关条款。从那时起类似桑塔南委员会的调查团为数不少，但在防治腐败、建立清廉政府方面的功效甚微，有一些调查团甚至变成了政治斗争的工具，以反腐败为名打击政敌，削弱反对党的力量。

世界银行等国际组织认为印度腐败严重的根源在于国家对经济的干预和许可证制度。它们建议为解决腐败问题，印度应放松国家对经济和社会的管制。从80年代中后期开始，印度开始了经济自由化改革，到90年代，印度经济基本完成了私有化转型。然而，在印度经济私有化的过程中又滋生了新类型的腐败行为。一方面国家干预迅速减少，而另一方面社会监督体制却远未形成，大量新政策、合同由公务人员私下完成，暗箱操作，公务人员借私有化之机谋取个人利益，大肆贪腐。

在经济自由化改革的同时，印度加快步伐推进民主政治进程。但是民主政治进程同样暗藏着腐败玄机。与其他一些发展中国家一样，民主化进程引发了政治性腐败的新问题。所谓政治性腐败即与政党政治和竞争性选举有关的腐败。在印度，无论是老牌的国大党，还是新壮大的地方政党，只要参加选举，都需要依靠种姓、亲属关系争取支持，需要争取工商阶层尤其是富商的赞助。竞选前和竞选中，要争取支持、争取赞助，竞选胜利后就必然要回报支持者，给赞助者实惠，从政策优惠到安插支持者到重要的职权部门，给予富商赞助者以国家重要工程的合同更是一种普遍的现象。近年来，越来越多的低种姓政党和政客通过选举上台，但低种姓政党和政客未必更加清廉，他们同样逃脱不了金钱政治的窠臼。此外，1993—1994 年印度通过的第 73、74 次宪法修正案将地方自治机构纳入宪法，各邦纷纷建立地方自治机构。在地方自治机构的选举过程中，权钱交易、权权交易的现象更普遍、更是防不胜防。印度在官员个人的经济腐败、行政性腐败的同时，又添政治性腐败，真可谓雪上加霜。腐败愈演愈烈，变成了困扰印度社会的难以治愈的顽症。

严重的腐败问题引起印度社会的极大不满，不少民众和非政府组织质疑和挑战政府统治的合法性，要求行政、立法和司法透明化，公务人员接受社会的监督。迫于民众的压力，印度政府一直在加大力度改善政府、司法机构的形象、恢复民众对政府的信任，其中，财产申报和公示制度建设是一项重要措施。

二 早期行政官员申报财产规定

早在 1964 年，印度政府为了规范行政官员的行为，颁布了《中央行政官员行为准则》（*Central Civil Service Conduct Rules*），规定中央政府、各邦政府及其他公职部门人员必须向上级机关申报财产和债务情况。行政官员需申报其个人及直系亲属，也即配偶和子女的财产。申报内容包括土地、房屋、商店等建筑、现金等流动资产、汽车、家电、保险、公积金及债务。[①]申报的周期从一年到三年不等。申报文件密封保存，仅可在法庭上拆阅。

公众是否有权知晓公职人员的财产和债务情况历来是各国公职人员财产监督中的一个棘手的问题。1974 年，印度最高法院在审理英迪拉·甘地和拉吉·纳拉因（Raj Narain）选举案件的时候，指出印度人民有权知晓公职人员的一切公开行为，确立了《印度公民知情权法》（*The Right to Information in India*）的基本准则。《印度公民知情权法》

---

① http：//hpsja. nic. in/dir. pdf .

是规范行政官员行为、建设清廉政府的重要举措，具有时代进步性，但是也有很多局限，公职人员指涉的范围局限为政府行政官员，而行政官员的财产情况恰恰没有列入公民有权知晓的公职人员行为范畴之内。

行政官员财产申报材料不对公众公开，仅有法官在特定情况下有权拆阅，这使得《中央行政官员行为准则》的实际约束力很小，更难指望其在反腐败方面有所作为。在印度，根据《政府机密法》（*The Official Secrets Act*），行政官员不得泄露政府及其他行政官员的机密。另一方面，法律法规不鼓励行政官员公开批评政府政策，对于检举揭发其他行政官员的行为，缺少充分的保护性措施和制度规定，尽管有法律规定当内部揭发者遭受人身威胁时，警察机关应保护揭发者的人身安全，但是很少有行政官员会冒如此巨大的风险揭发政府内部的腐败行为。[①]

三 近十年印度公职人员财产 申报与公示的新情况

近十年印度出台了有关公职人员财产申报与公示的法律法规，明确规定各级行政人员、议员、邦立法院成员、地方自治机构成员、参加议会和邦立法院选举的候选人需申报财产与债务情况，其中参加议会和邦立法院选举的候选人需在选举委员会网站上公示财产，内阁部长需在总理办公室网站上公示财产。最高法院还命令法官公示财产，但未制定法律强制执行。上述公职人员财产申报和公示的内容包括个人及配偶、子女的现金、股份、债券、房屋、土地、汽车等，不包括礼品馈赠和旅行出差的费用明细。

---

① Rikhil R. Bhavnani, "Using Asset Disclosures to Study Politicians Rents: An Application to India," Annual Bank Conference on Development Economics, Washington, DC, 2012.

（一）竞选议会议员、邦立法院成员的候选人

2002 年，最高法院在审理民主改革协会（the Association for Democratic Reforms）和人民争取民权阵线（Peoples Union for Civil Liberties）的案件时通过了一项决议，扩大了《印度公民知情权法》中公民的知情权内容，规定公民有权知晓竞选公职的候选人的犯罪经历以及财产、债务详情，选民也有权知道他们选举产生的议员和立法院成员当选后是否有非法敛财行为。根据新修订的《印度公民知情权法》，所有竞选议会议员与邦立法院成员的候选人需申报其个人、配偶及子嗣的详细的动产与不动产清单，以及银行贷款、未缴纳的水电费、通信费等债务清单。选举委员会将候选人申报的财产和债务清单在选举委员会网站上公示，以便选民充分了解候选人的财务状况。但是，公民的知情权仍不包括中央和地方政府行政官员的财产申报材料，这些申报材料是机密文件，不作公开公示，公民也无权查阅。

根据选举法的有关规定，候选人必须按要求提交所有材料才有资格参加选举，如果不申报财产和债务清单，原则上将失去参选资格。另外，杜撰财产信息者，一经查出将依选举法和刑法遭到起诉，可判处六个月以内监禁或罚款。但是还是有不少候选人虚报财产信息，其中有一些人受到民众或其他政党候选人的检举，被带往法院接受审讯。部分候选人的财产申报中包括非法经济收入，因腐败罪受到审讯。

（二）议员和邦立法院成员

2004 年，印度政府进一步出台了两项新规定《人民院成员财产申报条例》（*The Members of the Lok Sabha Declaration of Assets Rules 2004*）[1]与《联邦院成员财产申报条例》（*The Members of the Rajya Sabha Declaration of Assets Rules* 2004）[2]。根据这两项规定，新当选的人民院和联邦

---

① http：//164. 100. 47. 133/ls/templates/Rules_ L_ A_ 2004_ E. pdf. .
② http：//rajyasabha. nic. in/rsnew/members/declaration_ assets_ rules_ 2006. pdf .

院议员以及各邦立法院成员，必须在当选后 90 天内申报其个人、配偶、子嗣共同或单独拥有的动产与不动产清单，以及欠公共财政部门、中央、地方政府的资金。议会秘书根据议员提供的信息做财产登记，财产信息将作为机密文件妥善保存，任何个人在没有得到议院议长签署的许可证明的情况下不得查阅，也不会在议会网站上公示。[①]

（三）法官

《印度公民知情权法》没有对法官财产申报和公示的专门规定，但是印度司法腐败严重，一些激进分子要求法官申报和公开财产和债务，这在印度引起了激烈的讨论。2009 年 8 月，议会专门讨论了《法官申报财产与债务法令》（*Judges Declaration of Assets and Liabilities Bill 2009*），要求法官向主管当局申报财产，但是其中有一条规定法官申报的财产清单不对公众开放，任何公民、法院或官员不得调取或质疑财产清单。[②]这一条规定引起了议员的普遍不满，抨击这是司法部门与行政部门勾结、维持特权地位的表现，是司法部门向行政机构臣服的证据。与此同时，有两位法官自愿公开了财产清单，卡纳塔克邦最高法院希伦德拉·库马尔（Shylendra Kumar）法官在法院网站上公布了财产清单，旁遮普和哈里亚纳邦最高法院的坎南（K. Kannan）法官在媒体上刊登了财产清单。坎南在博客中指出，他本人并不害怕也不反对财产公示，但是担心强制所有法官公开财产将会极大限制法官司法的自主性。

2009 年 11 月，印度最高法院颁布了一项命令，要求法官在法院网站上公示个人及配偶、子女财产细节，但这只是一项命令，而非具有强制力的法律，这一命令没有得到法官们的响应。[③]最高法院表示不排除制定法律强制法官向公众公示财产的可能性，财产公示的内容应包

---

① *The Times of India*, May 8, 2011.

② Prashant Bhushan, "Judicial Accountability: Asset Disclosures and Beyond," *Economic and Political Weekly*, 44: 37, 2009, pp. 8—11.

③ 赵培培：《印度最高法院要求法官网上公布个人财产》，法制网，2009 年 11 月 10 日。

括所有的动产、不动产、债务以及所得税申报单（income tax returns）。①

（四）政府部长

2011年印度财产申报和公示制度建设迈出了关键的一步，印度政府内政部修订了《部长行为准则》（the code of conduct for ministers），对联邦和各邦部长财产申报和公示作出了详细规定。部长需向总理或首席部长申报其个人及亲属的财产和债务情况，亲属包括配偶、儿女，或者其他有血缘和婚姻关系的人员，以及完全依附于部长个人的人。

部长及其亲属申报内容包括：财产、债务、商业利益，特别是所有的不动产、所有股份和债券的估价、现金和珠宝。部长应于每年8月31日之前申报前一个财政年度的财产和债务清单。另外，部长或其家庭成员如果成立或者参与管理商业公司、企业，应该向总理或首席部长汇报。联邦部长、首席部长和各邦的部长，在没有获得总理事先批准的情况下，不得在外国政府部门任职，也不得在涉及商业利益的外国机构中工作。对于已经接受外国政府或机构工作的情况，应该汇报给总理，由总理决定是否继续任职。此外，《部长行为准则》还规定了部长在外出公差时的住宿标准，要求部长避免参加铺张的派对，但是没有要求部长申报具体的旅费和消费清单。《部长行为准则》规定部长不得接受亲戚之外人员的馈赠，但没有要求部长申报接受礼物馈赠的情况。首席部长负责监督各邦部长执行《部长行为准则》的有关规定，总理和联邦内政部部长监督首席部长，总理监督联邦部长。②

此后不久，总理曼莫汉·辛格要求所有内阁部长在政府网站上公示财产和债务明细，并终止在政府外机构中的任职及其他不正当的联

---

① Prashant Bhushan, "Judicial Accountability: Asset Disclosures and Beyond," *Economic and Political Weekly*, 44: 37, 2009, pp. 8—11.

② Government of India, Ministry of Home Affairs, "code of conduct for ministers (both Union and State)".

系。① 财产公示内容包括内阁部长及其配偶、子女所有财产、债务、与其他企业的关系、在政府外的企业中的职位，以及配偶和子女在外国政府或机构中任职的情况。每年 8 月 31 日之前公开当年的财产和债务情况，并将所有信息上传至总理办公室的官方网站上。②

印度政府绝大多数内阁部长响应了总理的要求，在网站上公示了个人财产。根据财产公示，城市发展部部长个人及直系亲属资产总数超过 26.3 亿卢比，是最富裕的部长，此外重工业和国营企业部部长也拥有雄厚的资产。财产最少的部长是国防部部长安东尼（A. K. Antony），他只有 19.2 万两卢比的银行存款，甚至连小轿车都没有，被誉为政坛的"圣人"。总理辛格拥有的资产为 5000 万卢比，在申报财产的内阁部长中属于中等富裕。还有几位内阁部长拒绝公开财产。③

（五）地方自治机构成员

印度多个邦制定了相关规定，规范地方自治机构（包括市政机构和农村地区潘查亚特）成员的行为。参加地方自治机构选举的候选人需要公开财产和债务情况，当选市政机构和村庄潘查亚特的人员需定期申报财产。甚至一些邦还规定选举产生的人民代表和所有成人选民有权查阅地方自治机构成员申报的财务清单。

四 对印度财产申报与公示制度的评价

印度财产申报与公示制度的目标是建立透明、清廉的政府，恢复和重建人民对政府及公职人员的信任。公职人员公开财务和债务信息，有助于攻破社会上对公职人员腐败行为缺乏确凿证据的夸大猜测和流言，此外，还可以增强社会和人民对公职人员的监督，具有进步意义。人们期望通过财产申报与公示制度打击腐败，但是客观地看印度财产

---

① The Indian Expresss, Jun. 07, 2011.

② The Telegraph, Jun. 08, 2011.

③ http://indiatoday.intoday.in/story/pm-cabinet-ministers-declare-their-assets/1/149984.html.

申报与公示制度在预防和惩治腐败方面的功效有限。

根据里基尔·巴夫拿里（Rikhil R. Bhavnani）的统计，2004 年以后，议会和邦立法院选举胜出者在五年之内财富平均增加了 220 万至 350 万卢比，约为 4.9 万至 7.7 万美金，按照印度法定的工资水平，五年内通过积攒工资最多可以攒下 60 万至 270 万卢比，其余的财富增长都有可疑之处。[①]还有一些极端的情况，比如，北方邦前首席部长玛雅瓦蒂·库马里（Mayawati Kumari），2004 年选举前公开资产为 40 万美元，选举获胜后其资产总额大幅度增加，2008 年她公开的资产达到 1300 万美元，增加了 30 多倍。[②]由此可见，财产公示制度对于防治腐败有一定效果，但是依然不能从制度上防治腐败。

腐败现象在每个国家都存在，只是程度不同。但在印度腐败是无处不在的，甚至是制度性的，公职人员不仅借助职权之便谋取个人私利，更有通过官官相护、官商勾结盗取巨额公共资产。印度无处不在的腐败很难归因于个别政治家或者公职人员的道德败坏，这是一种制度性的腐败，背后有制度原因，更有结构原因。要从根本上减轻腐败，不仅仅需要完善公职人员财产申报与公示制度，更需要完善相关配套的法律法规和政策，需要更加完整和严密的社会经济、财务、金融的监管体系，只有在其他各方面条件都相应具备的条件下，公职人员的财产申报与公示制度才能够起到相应的作用。当然，从更深层次上看，改变政治、经济权力配置严重失衡的政治状况，也许是抑制腐败的根本性办法。

---

① Rikhil R. Bhavnani, "Using Asset Disclosures to Study Politicians Rents: An Application to India," Annual Bank Conference on Development Economics, Washington, DC, 2012, p. 25.

② Ibid., p. 1.

印度尼西亚公务人员
财产申报制度

许利平

印度尼西亚（以下简称印尼）是东南亚最大的经济体，也是世界上穆斯林人口最多的国家。印尼的腐败现象长期以来与非洲等全世界最不发达国家为伍，成为印尼国家领导人对外交往中"最难启齿"的"家丑"。腐败问题已严重制约着印尼经济发展、社会变革与政治转型，成为印尼领导人"痛下决心"执意铲除的一个"毒瘤"。

2004年以来，印尼经济连续8年保持5%的高增长率，跻身于全球"新兴经济体"第二梯队，并成为"领跑者"。自2009年以来，印尼各届政府采取了积极、主动的反腐败措施，基本遏制了"腐败毒素"的蔓延。现在奢谈印尼反腐败工作成功还太早，但其反腐败的经验值得我们借鉴与参考。

印尼的腐败问题兼有行政性腐败和政治性腐败二者特点，现在关键问题在于如何消除民众对腐败的"麻木意识"，在全社会培养起"反腐败"的意识与建立起全民"反腐败"的氛围。

印尼公务人员财产申报制度与印尼的宪法修改，政治制度的变革紧密联系在一起，起步较晚。其覆盖范围集中在一定级别的官员和准备参加各级选举的政治家。2012年，印尼政府准备启动所有公务员实施财产申报制度，但由于各种阻力，该计划实施暂时搁浅。

在苏哈托时代，印尼被冠以"亚洲最腐败的国家之一"的恶名。官商勾结、贪污腐败、裙带关系三股歪风渗透到社会各个方面。贪污腐败成为印尼政治文化不可或缺的一部分。自1998年苏哈托政权倒台以来，印尼进入民主改革时期。印尼各届政府誓言严厉打击三股歪风，陆续出台各种反腐败法律与措施。特别是 2002 年，成立了独立的肃贪委员会进行反腐败工作，印尼反腐败工作取得了突飞猛进的进步。主要是肃贪委员会打了不少"老虎"，包括部长、省长、国会议员，甚至包括印尼总统苏西洛的亲家——前印尼中央银行副行长也锒铛入狱。

一 印尼反腐败法律体系与机构

1998 年苏哈托时代结束后，印尼出台了一系列反腐倡廉的法律，其中最基本、最重要的有三部："1999 年第 31 号法令"、"2001 年第 20 号法令"和"2002 年第 30 号法令"。从机构上看，根据上述法律成立了独立的肃贪委员会。这是印尼最重要的反腐败机构。肃贪委员会的主要功能有：

第一，与权力机关协调开展反贪工作；

第二，与权力机关规划反贪工作；

第三，对贪污行为开展研究、调查和起诉工作；

第四，开展预防腐败工作；

第五，对政府行为进行监督。

肃贪委员会的领导层由国会专门委员会推荐，并向社会公布候选人名单征求意见，然后专门委员会投票产生。领导层由五人组成，实行集体决策制度。肃贪委员会执行总统、国会和财政部稽查委员会的任务，对全体人民负责。肃贪委员会成员由专业法官、检察官和警察等组成，强调专业性、独立性是其主要特点。肃贪委员会主要由四个部门组成，即预防腐败部门，反腐败教育部门，反腐败情报与数据部门，内部监督与社会投诉部门。

二 印尼官员财产申报制度的相关法律

早在肃贪委员会成立之前，印尼就开始实施官员申报财产制度，作为预防腐败的一种制度性安排，并在历届总统推动下，不断加以细化与完善。

根据印尼相关法律规定，印尼官员申报财产制度是重要岗位的官员必须遵守执行的一项廉政制度。当官员入职、调动、升迁和退休四个阶段，必须根据法律规定的时间表进行各自的财产申报。申报后，官员也必须随时准备被有关机关询问、核查。

与财产申报制度有关，印尼有三部重要法律，即"1999 年第 28 号法令"、"2002 年第 30 号法令"和"2004 年第 5 号总统令"。根据上述三部法律，印尼国家机构效能管理与官僚改革部和印尼稽查委员会来具体实施和监督。后来印尼稽查委员会撤销，取而代之的是成立于 2002 年的印尼肃贪委员会来负责监督与核查。

印尼国家机构效能管理与官僚改革部主要负责组织实施，并先后发布五个通知，具体安排财产申报，包括培训、对财产分类和安排预算等。这五个通知是："2005 年 1 月第 3 号通知"、"2006 年 4 月第 5 号通知"、"2006 年 10 月第 16 号通知"、"2008 年 1 月第 1 号通知"和"2012 年 3 月第 5 号通知"。

肃贪委员会负责官员财产申报核查与监督，并发布 2005 年 2 月第 7 号决定书，即《关于国家官员财产申报的登记、稽查和公开的规定》，规范财产申报制度。

根据"2012 年 3 月第 5 号通知"，各个政府单位或部门执行官员财产申报制度，按照以下步骤进行。

第一，如果相关单位还没有向肃贪委员会和国家机关效能管理与官僚改革部上报官员财产申报具体实施方案，那么现在相关单位需要根据相关规定，制订本单位财产申报制度的具体执行步骤，并分发给腐败易发岗位的官员。

第二，必须设立专门负责送传给肃贪委员会财产申报单的预算执行人岗位和成立送传财产申报单相关的专门机构；

第三，官员在刚被任命或上任最晚两个月内，并担任相同职位两年后，申报其财产；

第四，每年年底，各单位具体负责人要向本单位领导、肃贪委员会、国家机关效能管理与官僚改革部报告各单位人员财产申报情况。

现在官员财产申报单通常通过财产申报客户服务中心或邮政系统递送给肃贪委员会和税务部门。

根据"1999年第28号法令"，即《关于国家官员廉洁自律、反对三股歪风法令》的第10条到第19条和"2002年第30号法令"，即《关于肃贪委员会法令》第71条第2款，如下官员必须申报财产：

1. 最高国家机关的国家领导人；

2. 国家高级机关的国家官员；

3. 部长；

4. 省长；

5. 法官；

6. 现行制度和法律所规定的国家官员；

7. 与现行制度和法律执行相关的重要岗位其他国家官员：

（1）中央和地方国有企业的董事长、总经理和独立董事；

（2）印度尼西亚中央银行行长；

（3）国立高等院校的校长；

（4）一级官员和文职、军队、警察系统的其他官员；

（5）检察官；

（6）稽查官；

（7）法庭的书记员；

（8）项目工程的负责领导和财务主管。

根据"2004年第5号总统令"，即《加快反贪法令》和国家机构效能管理与官僚改革部"2005年1月第3号通知"，即《国家官员财产申报规定》，把必须申报财产的官员范围加以扩大，包括：

1. 二级官员和在政府机关、国家单位上班的其他官员；

2. 所有财政部的各办公室主任；

3. 海关官员；

4. 税务官员；

5. 审计员；

6. 核发准证的官员；

7. 公共服务单位官员或负责人；

8. 法律或规章制定的官员。

印尼官员财产申报单大项有13项，主要包括四项内容。官员财产申报单主要有：

第一，个人信息。包括身份证号、出生年月、出生地、服务机构、个人税务登记号和家庭住址、工作经历等；

第二，家庭信息。包括夫妻基本信息、工作信息、夫妻单人照片以及成年子女和未成年子女信息等。

第三，财产信息：

1. 不动产（包括土地和地面建筑）。

2. 动产，包括：

（1）交通工具、机器；

（2）养殖、畜牧、农业、矿业、林业等其他投资；

（3）其他动产（贵金属、宝石、艺术品、家具、电器等）；

（4）有价债券、股票；

（5）现金、存款、汇票与相当于现金的票据；

（6）债权。

3. 债务。

4. 公务员收入（包括工资、奖金和其他智力报酬）。

5. 配偶收入。

第四，支出：

1. 家庭日常生活开支；

2. 交通费；

3. 教育；

4. 健康；

5. 休闲；

6. 个人所得税；

7. 其他税；

8. 其他开支。

根据印尼国家机构效能管理与官僚改革部"2012 年 3 月第 5 号通知"，违反财产申报相关规定的官员，将根据"2010 年第 53 号法令"，即《公务员纪律条例》进行惩处。

"2010 年第 53 号法令"第二部分第 7 条规定，违反公务员纪律条例的公务员，将面临轻度、中度和重度三类处罚。

——轻度处罚，包括口头批评、书面批评和公示谴责。

—— 中度处罚，包括推迟 1 年晋升工资级别，推迟 1 年升职，降级 1 年。

——重度处罚，包括降职 3 年，调到低级岗位工作，离职，解职，开除。

根据相关法律规定，在大选期间，总统和副总统候选人，地方首长或副首长候选人，在选举之前，都要申报财产，然后由肃贪委员会确认，由大选委员会向社会公布。

三 印尼官员财产申报制度的执行与社会反响

根据印尼肃贪委员会的统计，从 2001 年到 2011 年，符合官员财产申报单应为 183395 份，实际申报单为 152264 份，对外公开的官员财产申报单为 137618 份。

在 2004—2011 年，在行政系统里，符合官员财产申报单应为 139274 份，实际申报为 110218 份。在议会系统里，符合官员财产申报单应为 17458，实际申报为 17236 份。在司法系统里，符合官员财产申报单应为 11241，实际为 9754 份。在中央与地方国有企业系统里，符合官员财产申报单为 17442 份，实际申报为 15056 份。

从官员财产申报的社会反响来看，参加各级选举的政治家的财产也要参照官员财产申报的标准，根据相关规定进行申报，并且要向社会公示，以表明选举的透明性与公正性。

根据"2010 年大选委员会第 13 号法令"第 9 条规定，各个省、县、市等地方领导候选人必须在选举过程中申报并公开自己的财产。第 10 条还规定，候选人申报的财产必须在有关机关检查核准签字后才有效。

根据"2009 年肃贪委员会第 62 号法令"，肃贪委员会负责接受各位候选人的财产申报，并对地方领导候选人所申报的财产进行审核。但对外公布候选人的财产属于大选委员会的职权。具体候选人财产公布的步骤如下：

1. 在地方大选委员会确认各个候选人资格后，肃贪委员会负责打印各候选人的财产申报单。

2. 候选人财产申报单由肃贪委员会交给地方大选委员会，根据相关法律，由地方大选委员会对外公布候选人的财产。

3. 为了支持选举的透明化和可追究制，对外公布财产须经过以下程序：

张贴候选人的财产申报单需在地方大选委员会认可的正式户外广告牌或指定的媒体。具体要求是：

第一，必须在新闻发布会上公开宣读候选人的财产申报单，如果候选人本人有困难，则大选委员会官员代为宣读；

第二，一旦候选人正式当选，其财产须在国家所属新闻机构公开发布。

但在具体执行过程中，肃贪委员会也主动公开候选人的财产，比如 2013 年西爪哇省省长的选举，其候选人的财产由当地的肃贪委员会向社会公布。

针对地方候选人财产申报与公开制度，肃贪委员会副主席邦邦·维佐炎多表示，需要进一步加以完善。他认为，肃贪委员会只是在核查候选人财产申报的真实性，属于预防腐败的步骤，并没有赋予肃贪委员会惩治贪污的权力，特别是对于那些贪污的资产进行没收的权力。

但在一定程度上，政治家的财产申报与公开成为候选人的必要条件，并将影响其竞选的行情。2013 年 1 月在北苏门答腊省省长的竞选中，副省长候选人东古开始申报的财产是 40 亿印尼盾。而经过肃贪委员会成员到其家中核查后，其财产为 85 亿印尼盾，其中贵金属、妻子的银行存款、公司的股份、保险等漏报。之后，财产核准后，东古才成为正式的候选人，但东古在民众中的形象就大打折扣了。

此外，官员的财产申报成为对其反腐败的一个重要证据。2012 年 7 月，印尼前警察交通总监佐科，这位二星将军涉嫌滥用职权采购价值 1987 亿印尼盾驾驶证模拟器，被肃贪委员会列为贪污嫌疑犯。而 2010 年佐科呈报的官员财产申报单中，其资产仅为 56 亿印尼盾。肃贪委员会对其财产核查时，发现其价值 100 多亿印尼盾、占地 5000 平方米的豪华别墅没有申报。2013 年 1 月 9 日，以上述漏报的证据，肃贪委员会又以洗钱罪列其为贪污刑事犯。因此，官员财产申报单成为对贪污嫌疑犯审判的重要证据和线索，具有重要现实价值。

总体说来，印尼官员财产申报制度还处在一个摸索阶段，许多制度方面设计还有待于完善。特别是对于晚报、漏报等事情，没有严格高效的处罚措施，只是存在行政上较轻的处罚措施。

关于漏报和晚报的事件比较典型的是廖内省官员集体漏报事件。根据印尼当地媒体报道，从 2010 年到 2012 年，整个廖内省的所有县、市长都没有申报财产。这些官员有的是新任职的，有的则是续任第二任期，他们都没有按照有关法律规定，申报各自的财产变化情况。更为严重的事情，有三位县、市长居然在肃贪委员会那里从来没有进行财产申报的注册，更别谈申报他们各自的财产。

在当地舆论和非政府组织的强大压力下，2013 年 2 月 8 日廖内省省长鲁斯利被肃贪委员会列为贪污嫌疑犯。针对廖内省的反贪行动将拉开帷幕。

从上述的案例可以看出，虽然官员的财产申报制度没有立刻对迟报、漏报的官员造成直接冲击，但是以官员财产申报为突破口，社会反贪的大气候已经形成，这无疑对大多数官员形成了一种无形的制约力，有利于预防腐败。

根据印尼中央统计局 2013 年 1 月 2 日的统计，印尼民众的反贪指数为 3.55 分（5 分为满分），属于积极反贪型，意味着民众支持政府和社会反贪。67% 的民众认为电视是传播反贪信息和知识的最佳途径，而 27% 的民众则认为政府是传播反贪信息和知识最有效的渠道。这表明印尼民众比以前更关注腐败与反腐败行动。

根据"透明国际"2007 年至 2012 年对全世界 180 个国家进行的统计，印尼的清廉指数在全世界的排名分别为 143，126，111，110，100，118。虽然印尼的清廉指数在个别年份有相对下降的趋势，但整体上，印尼的清廉指数处于一个上升的趋势。这说明，印尼政府推行的反腐败措施还是取得了一定成效，但作为发展中国家，印尼社会的腐败根基很深，反腐败的道路仍然任重道远。

泰国公职人员财产申报制度

周方冶

从 1932 年实行君主立宪的现代政体以来，腐败就一直是困扰泰国政治和社会发展的一个难题。尽管历届政府都高调承诺加强廉政建设，但成效甚微，甚至一再为军人干政提供了口实。1991 年，泰国军方再次发动政变，以反腐败为由推翻了民选的差猜政府。尽管泰国城市中产阶级于 1992 年通过民主运动遏制了军人集团重返威权体制的企图，维护了民选文官执政的民主体制。但是，泰国社会各界对政府官员与国会议员的腐败问题依然普遍不满，从而不断掀起要求建立和完善廉政监督机制的社会运动。

一　财产申报制度的形成过程

1996 年，泰国颁布《国会参议员与众议员的资产与负债申报条例》，开始推行公职人员财产申报制度。1997 年，泰国颁布第 16 部宪法，将公职人员财产申报制度写入宪法，从而在国家根本大法的层面上为公职人员财产申报制度提供了法理依据。与此同时，泰国 1997 年宪法还创设了以国家反腐败委员会为代表的一系列宪政独立机构，从而在立法权、行政权、司法权之外创设了独立的监督权，初步构建了"四权制衡"的格局。1999 年，泰国颁布《反腐败组织法》，对国家反腐败委员会的组织结构、遴选过程、权力职能等进行了具体规定，并对国家反腐败委员会主管的公职人员财产申报工作进行了细化和完善，使之更具可操作性。2007 年，泰国颁布第 18 部宪法，基本保留了 1997

年宪法中有关公职人员财产申报制度的相关规定，仅对个别条款加以增删，使之更为完善和周延。

二 财产申报制度的基本内容

具体来看，泰国的公职人员财产申报制度主要包括以下内容。

（一）财产申报主体

根据泰国《反腐败组织法》规定，"国家公职人员"是指：担任政治职务的人员、担任国会职务或领取固定薪金的政府官员或地方官员、在国有企业或国家机构中有职务的官员或人员、未担任政治职务的地方行政官员或地方议会议员，以及地方行政法所规定的官员，包括理事会、委员会、特别委员会、小组委员会成员。此外，政府机构、国有企业或国家机构的雇员以及依法行使或受委托行使特定国家行政权力的个人或团体成员。这类人员一般经政府委托，或是经国有企业或国家机构委托，因此也被列入公职人员系列。

从立法意图来看，泰国公职人员财产申报制度的构想是要将所有的国家公职人员都覆盖在内。但是，由于主管公职人员财产申报工作的国家反腐败委员会于1999年才正式成立，草创之初能力有限，很难完成对公职人员财产申报的大规模核查工作，因此泰国在制度设计上采取了渐进式的弹性安排。

泰国宪法一方面将国家公职人员中的"担任政治职务的人员"列为必须进行财产申报的主体，另一方面又规定国家反腐败委员会有权将财产申报制度适用于其他国家公职人员，从而为国家反腐败委员会循序渐进地拓展监管范围提供了法理依据。泰国《反腐败组织法》在宪法规定的基础上，具体规定了需要进行财产申报的三类国家公职人员。

第一类是法定必须进行财产申报的"担任政治职务的人员"，其中包括：（1）内阁总理；（2）部长；（3）众议院议员；（4）参议院议员；（5）《政治官员法》规定的除（1）和（2）之外的其他政治官员；（6）《国会官员法》规定的国会政治官员；（7）曼谷大都市的市长、副市长、市议会议员；（8）城市议会议员和执行委员；（9）地方行政官员或地方议会议员，如果其所属地方政府组织的收入或预算不低于国家反腐败委员会在政府公报上公布的标准。

第二类是除"担任政治职务的人员"之外法定必须进行财产申报的国家公职人员，其中包括：（1）最高法院院长；（2）宪法法院院长；（3）最高行政法院院长；（4）总检察长；（5）选举委员会委员；（6）国会调查员；（7）宪法法院法官；（8）国家审计委员会委员；（9）最高法院副院长；（10）最高行政法院副院长；（11）军事审判办公室主任；（12）最高法院法官；（13）最高行政法院法官；（14）副总检察长；（15）拥有高级职务的人员。其中，所谓"拥有高级职务的人员"是指拥有如下职务的人员：相当于普通政府部门正局级、副部级、正部级的国家机构的主管领导，国家武装部队总司令或相当于总司令级的军官，警察总监，曼谷市政府常务秘书长，国有企业的董事会高层管理人员，或是依据宪法规定设立拥有独立法人地位的独立机构负责人，或是依据其他法律规定拥有特定职务的人员。

第三类是根据政府公报的通告要求进行财产申报的国家公职人员。《反腐败组织法》第40条规定，国家反腐败委员会有权通过政府公报发布通告的方式，要求除法定必须进行财产申报的国家公职人员之外的其他国家公职人员进行财产申报。

需要指出的是，泰国财产申报制度的申报主体是国家公职人员，但申报并不局限于公职人员本人，也包括其配偶以及未成年子女。

（二）财产申报的方式与内容

根据相关规定，前述三类申报主体在进行财产申报时，申报的方式与内容都有所不同。

第一类申报主体通常需要进行三次财产申报，依次是在就职后的30日内，离职后的30日内，以及离职满一年后的30日内。如果申报主体同时兼任多项政治职务，应就每一项职务分别进行财产申报。从立法意图来看，规定离职后满一年需要再次申报财产，旨在遏制我国所称的"期权腐败"问题。如果申报主体在任职期间死亡，或是在离职后死亡，但未申报财产，继承人或遗产管理人应在申报主体死亡之日起 90 日内进行财产申报。

相关人员在进行财产申报时，需要向国家反腐败委员会提交申报主体本人、配偶以及未成年子女的所有资产与负债的详细账目，并要提交相关证明文件副本，以及上一财务年度个人所得税申报单副本。相关人员在提交申报材料时，应保证所提交账目和证明文件副本的真实性和准确性，并在所提交材料的每一页上签名。

此外，值得注意的是，相较于 1997 年宪法，2006 年军事政变后颁布的 2007 年宪法针对财产申报的范围增加了一项补充规定，强调相关主体申报的资产与负债应包括其直接占有、间接占有以及受委托代管的他人财产。之所以增补规定，主要是由于在国家反腐败委员会监管过程中，发现部分申报主体存在"借用"他人财产特别是豪宅名车的情况，此外，也有部分申报主体在财产申报前，存在将名下资产"转让"给其他不必进行财产申报的亲友以规避监管的情况。

第二类申报主体应当在任职期间，每三年一次向国家反腐败委员会进行财产申报。如果最高法院院长、副院长、法官，总检察长、副总检察长，军事审判办公室主任，最高行政法院法官以及拥有高级职务的人员在离职后不再出任国家公职人员，应在离职时进行财产申报。有关财产申报的其他规定，参照第一类申报主体执行。

第三类申报主体应当在任职期间，每五年一次向国家反腐败委员会进行财产申报。首次财产申报的相关规定，参照第一类申报主体执行；再次申报时，不再进行全面申报，仅需申报资产与负债的变动情况。

（三）财产申报的主管机构

根据泰国宪法和《反腐败组织法》规定，公职人员财产申报工作的主管机构是国家反腐败委员会。从国家反腐败委员会组织结构来看，具体负责公职人员财产申报核查工作的是财产调查一局至五局，其中一局负责内阁总理与部长，二局负责国会议员，三局负责高级官员，四局负责地方政府官员和地方议会议员，五局负责其他国家公职人员（见下图）。

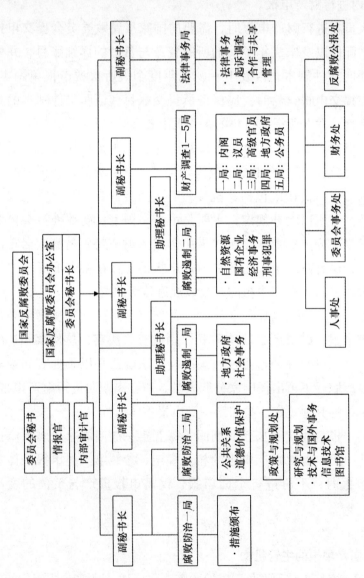

泰国国家反腐败委员会组织结构

资料来源：泰国国家反腐败委员会网站（http://www.nccc.thaigov.net）。

国家反腐败委员会属于宪政独立机构，拥有与立法权、司法权、行政权分庭抗礼的政治地位，不仅拥有独立的政治地位，而且拥有广泛的准司法权。

独立性是国家反腐败委员会有效监管公职人员财产申报工作的首要保证。事实上，泰国早在1976年就曾设立反贪委员会，隶属于总理府，直接向总理负责。反贪委员会起初颇有建树，但由于缺乏必要的政治独立性，最终还是沦为"纸老虎"。有鉴于此，国家反腐败委员会在制度设计方面，最受重视的就是政治独立性问题。例如，国家反腐败委员会拥有独立的法人地位，2007年宪法第251条规定："国家反腐败委员会对于人事、财政以及其他法律规定的行为，拥有自主管理权。"再如，国家反腐败委员会委员的任职条件有严格限制，不得兼任政府官员或雇员，不得兼任国家机构、国有企业、地方政府官员或雇员，不得兼任国家机构、国有企业的管理或咨询人员，不得拥有任何商业赢利组织职务或股份或成为任何人的雇员，不得从事任何自由职业。

准司法权是国家反腐败委员会有效监管公职人员财产申报工作的重要前提。由于腐败行为具有很强的隐蔽性，采取常规手段很难发现端倪，因此国家反腐败委员会被赋予充分的刑侦权，从而能有效开展对公职人员财产的核查工作。此外，国家反腐败委员会在检察院拒绝起诉的情况下，还拥有直接向最高法院提起刑事诉讼的权力，从而有利于突破政治阻力，将腐败问题一查到底。

（四）财产申报的核查与公示

从理论上讲，国家反腐败委员会应对所有公职人员财产申报材料都予以及时核查，并予以公示，从而有效动员社会监督，构建立体惩防体系。然而，从实际情况看，国家反腐败委员会规模有限，很难进行全面有效的核查。因此，相关制度设计遵循了"重点突出，区别对待"的弹性原则。

对于第一类申报主体，国家反腐败委员会在接收申报材料后，应即刻由委员会主席召集会议审核相关材料的真实性与准确性。与此同时，国家反腐败委员会应将内阁总理、部长、众议员、参议员的财产申报材料即刻向公众披露，最迟不得超过申报截止日期之后30日；其他拥有政治职务人员的财产申报材料原则上不予披露，除非相关披露行为有助于案件审理与判决，并要由法院、利害相关方或国家审计委员会提出请求。

如果第一类申报主体是由于离职或死亡而提交财产申报材料，那么，国家反腐败委员会应核查相关人员的资产与负债变动情况，撰写核查报告书，并在政府公报上予以公布。

对于第二类申报主体，国家反腐败委员会在接收申报材料后，应即刻由委员会主席召集会议审核相关材料的真实性与准确性。相关申报材料原则上不予披露。

对于第三类申报主体，国家反腐败委员会的核查工作可在每次接收申报材料后进行，也可在国家反腐败委员会认为有迹象表明相关国家公职人员存在不正常资产增加的情况时进行，或在相关国家公职人员经调查后存在不正常资产增加、腐败犯罪、行政渎职、司法渎职等情况时进行，或在相关人员已经或即将不再担任国家公职人员时进行。相关申报材料原则上不予披露。

（五）财产申报的惩处办法

如果申报主体故意逾期不提交申报材料，或是故意提交存在虚假内容的申报材料，或是故意隐瞒依法应当披露的事实与信息。那么，根据相关规定，该申报主体将在申报时限届满之日或是相关违规行为曝光之日自动解职。而且，如果情节严重，国家反腐败委员会有权提请宪法法院作出判决，禁止第一类申报主体五年内担任政治职务，或是禁止第二类和第三类申报主体五年内出任国家公职人员。不过，宪法法院作出五年内禁职的判决，并不影响相关申报主体在此前任职期间职务行为的行政效力或法律效力。

如果国家反腐败委员会通过核查申报材料，发现相关申报主体存在"不正常资产增加"问题，而且相关申报主体或继承人或遗产管理人无法对资产增加或负债减少予以合理解释，那么，国家反腐败委员会应将所有相关材料及核查报告书一并转交总检察长，并由总检察长向最高法院提起诉讼。如果总检察长拒绝提起诉讼，国家反腐败委员会有权作为公诉人，自行提起诉讼。

三 财产申报制度的成效与问题

1997 年以来，泰国通过不断发展和完善以国家反腐败委员会为代表的宪政独立机构职能，初步建立起相对自主的监督权体系，并在廉政建设方面起到了重要作用。尽管泰国目前的腐败问题依然严峻，但从透明国际发布的清廉指数走势来看，泰国的廉政建设还是有所进展的（见表）。比较周边国家，泰国的廉政建设基本处于中等水平，尽管明显低于新加坡和日本，略次于马来西亚和韩国，但要明显高于菲律宾、印尼以及新东盟四国。

泰国的清廉指数情况

年份	1995	1996	1997	1998	1999	2000	2001	2002	2003
清廉指数	2.79	3.33	3.06	3.0	3.2	3.2	3.2	3.2	3.3
年份	2004	2005	2006	2007	2008	2009	2010	2011	2012
清廉指数	3.6	3.8	3.6	3.3	3.5	3.4	3.5	3.4	3.7

资料来源：透明国际网站（http://www.transparency.org）。

作为泰国廉政建设的核心机制，公职人员财产申报制度施行以来备受社会各界关切。尽管对制度的有效性，社会各界褒贬不一，但对其必要性已形成普遍共识，特别是内阁成员和国会议员的财产公开，更是在每次内阁改组和国会大选前后，都会引起社会各界热议。从十余年来公职人员财产申报制度的贯彻与落实情况看，相关质疑主要体现在两方面。

其一,制度的设计细节有待完善。例如,"2007 年宪法"将财产
申报材料的公示范围从内阁成员,进一步扩展到内阁成员与国会议员,
从而提高了政府透明度与选举公信力。再如,"2007 年宪法"增补规
定"拥有政治职位的人员的财产申报范围,应当包括直接占有、间接
占有以及受委托代管的他人财产",从而有效杜绝了相关人员借他人名
义"合法"隐匿财产的问题。

泰国前总理他信在就任总理前,曾将其名下的巨额企业资产转移
给家族亲友,从而一方面在形式上满足了宪法规定的总理不得参与商
业行为的要求,另一方面也有效规避了财产公开的制度监管。此举为
诸多国会议员所仿效,结果导致"不正常资产增加"这一公职人员财
产申报制度最有力的反腐败工具形同虚设。由于挂靠在亲友名下的财
产不在申报之列,使得国家反腐败委员会根本无法通过申报材料查知
是否存在腐败问题。于是,要求将相关申报主体的真实财产情况切实
纳入监管的立法呼声一直不绝于耳。

2005 年底,他信政府力排众议,通过法案将电信行业的外国人持
股比例从 25% 提高到 50%。2006 年 1 月,他信家族将旗下电信企业
49.6% 的股份作价 18.8 亿美元出售给新加坡政府控股的淡马锡公司,
并利用股票交易收入免纳所得税的政策优惠,享受了巨额避税。此举
引起泰国社会强烈不满,反腐败矛头直指他信本人,结果引发大规模
抗议运动,并最终导致"9·19"军事政变。"2007 年宪法"对公职人
员财产申报相关规定的增补修订,很大程度上旨在避免类似问题的重
蹈覆辙。

其二,制度的执行能力有待加强。任何制度安排都很难独立发挥
作用,从实践来看,公职人员财产申报制度的成效,很大程度上取决
于国家反腐败委员会、宪法法院、选举委员会等宪政独立机构的执行
能力。

泰国在立法权、司法权、行政权之外构建独立监督权,以最大限
度加强反腐败力度的做法,无论是在制度设计所依托的基本理论,还
是在实际效果上,都存在着诸多问题和矛盾。特别是有关宪政独立机

构能否切实做到公正、中立、自律，从而承担起"四权制衡"的组织机构职能，泰国社会始终存在广泛质疑与争论。

争议之一，是公正性问题。作为权力监督机构，国家反腐败委员会能否严格遵循法律规定，客观公正地履行职责，显然是评判其执行力的首要标准。但是，如何在严格执法与顺应民意之间进行协调，避免受到社会舆论的过度情绪化影响，却是宪政独立机构面临的重要难题。

2001年众议院选举后，他信领导的泰爱泰党依靠"草根政策"赢得广大中下层民众的支持，成为泰国历史上首个拥有简单多数席位的民选政党。但是，他信准备出任总理前，国家反腐败委员会却发现他信在财产申报过程中存在弄虚作假，并将相关材料递交宪法法院。如果依法审理，普遍的看法是宪法法院应判决剥夺他信议员身份，并禁止其在五年内担任任何政治职务。但是，他信当时的民意支持率很高，不仅被中下层民众视为福利主义的政治代表，而且被上层人士视为能引领泰国走出1997年金融危机困境的不二人选。最终，宪法法院迫于压力，裁定他信的行为属于"纯洁的过失"，使其顺利过关出任总理。此事后来成为反对派攻击他信政府的重要口实，2006年他信家族售股丑闻曝光后，更是引起广泛质疑，指责宪政独立机构未能切实履行防微杜渐的反腐败职责。

争议之二，是中立性问题。宪政独立机构的核心价值就在于其中立地位，从而能超脱于派系权力斗争，客观公正地发挥监督作用，遏制权力的恣意与滥用。为此，泰国的"1997年宪法"规定了繁复的独立机构成员遴选程序，并严格限定候选人资格，旨在尽可能确保其政治独立性。但从实践看，泰国宪政独立机构的中立性，却始终受到社会各界的普遍质疑。

泰国前总理他信执政期间，有关国家反腐败委员会、宪法法院、选举委员会等宪政独立机构在他信派系"银弹攻势"下陷落的传闻不绝于耳。他信派系骨干成员通常都能在涉及腐败问题的调查中安然过关，也在很大程度上印证了坊间传闻。

　　针对派系权力对宪政独立机构的渗透问题，"2007 年宪法"在制度上进行了调整和完善。例如，根据"1997 年宪法"规定，国家反腐败委员会委员的遴选委员会由 15 名成员组成，包括最高法院院长、宪法法院院长、最高行政法院院长、全国高等院校法学院的院长们自行推选的 7 名委员、拥有众议院席位的政党各选 1 名代表并由代表们自行推选的 5 名委员；而在"2007 年宪法"中，遴选委员会的组成人员缩减到 5 名成员，分别是最高法院院长、宪法法院院长、最高行政法院院长、众议院议长和反对派领袖。① 从立法意图看，旨在尽可能弱化国会派系对宪政独立机构的影响。不过，2007 年以来宪政独立机构的中立性问题却未能得到有效化解，特别是在 2008 年宪法法院判决解散人民力量党，从而导致他信派系的颂猜政府倒台之后，有关宪政独立机构已沦为反他信派系政治斗争工具的坊间传闻，更是甚嚣尘上，引起中下层民众的强烈不满。

　　争议之三，是自律性问题。正所谓"打铁还需自身硬"，监督机构如果立身不正就很难服众，进而影响廉政监察工作的成效。从实践来看，泰国宪政独立机构的自律性还有待提高，特别是相关的职业自豪感，尚待进一步发展和培养。

　　2004 年，泰国国家反腐败委员会以"高薪养廉"为由，未经国会批准就擅自为委员会主席每月加薪 45500 泰铢（约合 9000 元人民币），为委员每月加薪 42500 泰铢（约合 8500 元人民币），结果被最高法院认定违反《刑法》及《反腐败组织法》相关规定，构成职务犯罪。2005 年 5 月，国家反腐败委员会的全部 9 名委员被迫先后辞职。此事引起泰国社会的普遍质疑和强烈不满。

　　总而言之，仅从制度设计来看，泰国官员财产申报制度的相关安排已颇为缜密，但从贯彻落实来看，相关宪政独立机构特别是国家反腐败委员会的执行能力还有待进一步加强和提高。

---

　　① 根据泰国"2007 年宪法"第 110 条规定，众议院反对派领袖应由拥有众议院至少 1/5 以上议席的最大在野党党魁出任，否则应由得到全部在野党议员多数票支持的在野党党魁出任。

菲律宾公务人员财产申报制度

许利平

　　菲律宾的腐败现象曾被载入世界吉尼斯记录，被称为"亚洲腐败癌症"的重灾区。根据相关国际机构估计，1982年菲律宾贪污的成本占国民生产总值的10%，即80亿比索。1987年，菲律宾政府部门每天的贪污总额为1亿比索。根据1996年菲律宾最高检察院办公室从追查政府资产法院得到的信息，1996年前6年，菲律宾政府的资产每年因贪污而损失14亿比索。而政府基建项目，至少30%的款项被贪污。腐败已成为现在菲律宾社会一个难以根治的"顽疾"，菲律宾被国际社会戏称为"亚洲的病夫"。

　　正是因为菲律宾的腐败现象"臭名昭著"，即使被称为"最贪腐的总统"，也都把反腐败挂在嘴上，表面上也列为一项重要工作。比如第一个因"腐败丑闻"在弹劾压力下下台的埃斯特拉达总统，上台伊始曾就反腐败问题问计于世界银行。历届政府尝试通过立法或发布行政命令，实施各种各样的反腐败法律与措施，其中包括建立专门的反腐机构。菲律宾现在已成为亚洲较早拥有完备的反腐法律制度与机构的国家。但这个被西方社会称之为"亚洲民主橱窗"的国家，腐败灰尘已经早就厚厚布满了"橱窗"，需要彻底"打扫"，才能看到一缕"阳光"。而公务人员的财产申报则是"打扫橱窗工程"的一个重要组成部分。

一 菲律宾政府与民间反腐败机构

菲律宾政府与民间反腐败机构主要针对国家官员和公务人员的腐败问题，目标性较强。这些机构是公务人员财产申报的重要监督者，是公务人员财产申报成效的重要组织保障。

在阿基诺夫人担任总统的年份里，政府和议会共同制定了"1987年宪法"。根据该宪法，成立反贪法庭。这个法庭主要处理涉及贪污、腐败的民事或刑事犯罪行为，与上诉法院同级，直接由最高法院管辖，被称为国家权力的"一极"。

1994年1月11日，菲律宾总统拉莫斯发布"1994年第151号行政令"，成立一个直属于总统的肃贪委员会，用于反对政府官员和公务员的贪污。肃贪委员会重点针对海关、国税局等政府部门职员的私生活进行调查，如发现绯闻、赌博等事情，一律撤职。

肃贪委员会成员由3人组成，主要针对新任命官员涉嫌超过1000万比索以上的重大贪污案件，在相关单位的协助下，进行核查，并直接向总统汇报。

为了给贪污犯以威慑力，拉莫斯总统签署恢复死刑法案。该法案规定，接受巨额贿赂的官员，将被处以极刑。

埃斯特拉达总统当政时期，他延续拉莫斯总统的做法，保留肃贪委员会。

阿罗约总统时期，她于2001年4月16日发布"2001年第12号行政令"，成立总统反贪委员会。根据"2004年第324号行政令"，又将总统反贪委员会的职能进行了细化。委员会也是由3人组成，由总统直接任命，其中1人为主席，2人为委员。

随后，阿基诺三世总统于2010年11月废除了总统反贪委员会，其职能由法律部副部长办公室来承担。但他成立了公务人员道德与责任追究总统委员会，主要对公务人员的贪腐行为进行监督和处罚。

2004年5月，菲律宾教育部成立了童子军组织，专门监督政府采购与合同履行情况，比如监督教科书购买和发放过程中的腐败行为。童子军组织在全国各地有 200 个分支机构，这些机构向每一所中小学至少配备一名志愿监督员。

此外，菲律宾社会还存在许多民间反腐机构。比如成立于 1989 年的全国透明委员会，由全菲律宾 30 个非政府反贪委员会组成。它们主要监督私人公司对政府的行贿行为。全国选民自由选举运动，主要监督贿选行为。反警察流氓集团，主要是监督警察的贪腐行为。

二　菲律宾公务人员财产申报的法律制度

菲律宾财产申报制度涉及所有公务人员，包括官员和普通职员，是亚洲财产申报制度涉及人员最广的国家之一和亚洲国家财产申报较早的国家之一，也是亚洲国家申报财产分类较细的国家。

菲律宾公务人员财产申报的法律制度，最早可追溯到 1960 年 8 月 17 日的 "3019 号反贪行为法"。该法规定，所有公务人员每两年申报自己的财产。1975 年实施的 "677 号总统令" 规定，所有公务人员每年必须申报财产。"1987 年宪法" 第 11 条第 17 款规定，所有公务人员包括官员与雇员，必须申报财产，其申报名称为财产、负债与净资产申报。并且该条文还规定，无论这些官员和雇员担任固定职位还是临时职位，都得申报财产。1989 年的 "6713 共和国法令" 中 "官员与雇员行为准则和道德标准" 一条，对公务人员的道德标准规定了较高标准，所有政府官员必须诚实准确申报自己的财产，并要申报净资产与财务关系；还要求新上任的官员必须在上任前 30 天内，剥离在全部私人企业的所有股权，以免日后发生利益关系。官员和雇员担任临时职位时，须申报商业投资和财务关系两项内容。

菲律宾 "1987 年宪法" 规定了成立独立的反贪机构，即反贪调查局、审计委员会、反贪法庭。为了赋予这些独立反贪机构特别权力，这些机构享有独立的财务权，其反贪行动直接向最高法院报告。

菲律宾公务人员的财产申报单主要包括 10 项内容，这些内容所有公务人员必须填写，而对于重要官员的财产，只选择主要的总资产向社会公布。财产申报单主要内容如下：

（一）资产，包括不动产与个人财产。不动产包括住房、写字楼、农业和工业用地等。个人财产包括珠宝、器械、汽车、手中现金和银行现金、股票、有价债券等。

（二）负债，主要是向各个金融机构的个人借贷款项。

（三）净资产，总资产减去负债的数目。

（四）商业利润，指投资企业的收入。

（五）财务联系，指充当企业的顾问或提供财务服务。

（六）政府部门亲属关系，包括亲戚四代关系，无论是血亲或是非血亲。（比如婶婶，姑父，妻子的哥哥、姐姐，父母及兄弟姐妹，岳父母）

（七）毛收入。

（八）个人所得税。

（九）家庭支出，包括负担未满 18 周岁子女的各种支出。

（十）个人支出。

上述 10 项内容，所有公务人员必须逐一填写。按照规定，所有公务人员入职 30 天内要申报财产。每年的 4 月 30 日之前，所有公务人员的财产申报单必须完成。而且公务人员在离职 30 天内也要申报财产。

总统、副总统、宪法法院院长、法官及办公室人员的财产申报单直接报给全国检察机关检察长办公室。参议员的申报单送到参议院秘书处。众议员的申报单送到众议院秘书长。最高法院、上诉法院、税务上诉法院、反贪法院法官的财产申报单送到最高法院的文书处。地方审判庭、大都市巡回审判庭、市审判庭和特别法庭法官的财产申报单送到法庭行政管理处。中央政府官员（包括内阁成员、秘书处官员和外事官员）、国有合作社董事长及附属公司的总经理和国立大学校长和学院院长、军队上校级以上军官的财产申报单直接送到总统办公室。地方政府官员、内阁雇员、宪法法院办公室人员、地方国有企业官员、省长、副省长、市长、副市长、军队上校以下的军官等的财产申报单送到全国检察机关副检察长办公室。其他公务人员和雇员的财产申报单送到民事服务委员会。

按照菲律宾"1987年第1号行政令"第9章第34条，总统，副总统，内阁部长，议员，最高法院法官，宪法法院法官，武装部队将级军官等都应该向社会公开各自的财产。

根据"1987年宪法"第11条，关于"公务人员问责制"，是对包括公务人员财产申报不实等行为的惩罚。该条要求全体公务人员和雇员要全面问责和绝对诚实。正副总统、最高法院成员、宪法法院成员以及反贪调查员，如果出现违反宪法，叛国，贪污，受贿和腐败，其他重罪或背弃公众信任，应该被弹劾。其他普通公务人员如果犯同样的罪行，将通过正常司法程序予以起诉。

根据"3019号反贪行为法"，公务人员的腐败行为必须得到惩处。根据情节轻重，分别被判以1个月、6年和15年的监禁或永远不能从事公职，并没收不能解释来源的财产。

三 菲律宾公务人员财产申报制度的效果

2012年，阿基诺三世总统做了一件大事，他动员国会力量以财产申报不实弹劾了首席大法官。这原本是以往任何一个菲律宾总统所不可能完成的事情。2010年科罗拉首席大法官向有关机关申报了他的资产是350万比索，但是以被告的身份被审计机关审查的时候，其银行资产是1.85亿比索（包括美元账户240万美元和比索账户8000万比索），相差太大，引起社会强烈反响。2011年12月12日，菲律宾众议院启动对科罗拉首席大法官的弹劾程序。经过几个月的调查和取证，2012年5月29日，菲律宾参议院就科罗拉弹劾案开会讨论，经过4个小时的辩论、解释和投票，结果20位参议员投票支持弹劾，3位参议员反对，最后首席大法官科罗拉遭到弹劾，成为菲律宾历史上首次因财产申报不实被弹劾的高级官员，并将永远开除公职。

目前，阿基诺三世总统的支持率不断提高。2012 年菲律宾的第三季度经济增长率变成整个东南亚最高了，GDP 增长 6.8%，结果到 2012 年菲律宾整个的经济增长率是 6.6%，居东南亚的首位。主要原因是弹劾案增强了普通民众对反腐的信心，刺激了国内消费和税收的征收。

由于阿基诺三世反腐的决心得到了国际社会的认可，2013 年达沃斯世界经济论坛组委会邀请其发表演讲。在达沃斯，阿基诺三世总统表示，弹劾案对菲律宾文化有不可质疑的影响力。如果没有体制的改革，也许将来会出现另一个贪腐的大法官。关键是菲律宾政府或国会要透明立法，形成透明的习惯。现在政府已要求各个部门的预算要公布在网上，以便人民进行公开监督。

根据透明国际 2007 年至 2012 年，对全世界 180 个左右国家进行的统计，菲律宾的清廉指数在全世界的排名分别为 "131，141，139，134，129，105"。从 2007 年到 2011 年的统计数据来看，菲律宾的清廉指数一直处在一个末位徘徊之中，没有根本性改变腐败的大环境。但到 2012 年，其清廉指数有了一个大提高，这主要是与首席大法官遭到弹劾有关。

菲律宾的反腐败法律和措施在亚洲国家属于最完备的之一，但反腐败的效果总体看一直都不理想。一方面是法律程序复杂，审理案件的周期过长，使得处理腐败案件的成本过高；另一方面，以庇护制为特点的家族政治固化了腐败的利益链条，使得包括财产申报在内的反腐败措施更多流于形式，起不到根本性威慑作用。虽然菲律宾拥有亚洲最大规模的非政府组织或市民社会，通过社会力量监督官员的腐败，但它们很难触摸到家族政治的核心利益链条。首席大法官被弹劾案虽然影响巨大，但毕竟还只是个别案例，更多的 "老虎" 游走在腐败惩罚的制度之外。

菲律宾被称为 "千岛之国"，资源非常丰富。金、铜、镍等蕴藏量居于世界前 5 位。煤、天然气等资源也十分丰富。但由于腐败问题，许多外资望而却步，这与邻国马来西亚和泰国形成鲜明的反差。也许从根本政治制度改变抓起，菲律宾的贪腐政治文化才有可能真正发生改变。

越南公职人员财产申报制度

潘金娥

中越两国同属社会主义国家。越南已实施公务员财产和收入申报与公示制度5年，并从2012年底开始加强实施力度。越南的做法，无论经验抑或教训都对我国相关制度的制定和实施具有一定的参考意义。

一 财产和收入申报的法律规定

腐败问题在越南被称为"国难"，严重威胁到了党和国家的生死存亡。越南采取了多种措施治理腐败，其中包括2005年通过的《防止和反对贪污腐败法》。越南《防止和反对贪污腐败法》第二章第四条规定，公职人员必须申报财产和收入。为配合这项法律的实施，2007年3月9日，越南总理阮晋勇签署了关于财产和收入申报的政府第37号决定（37/2007/ND - CP），要求国会代表与公职人员申报财产。从2008年起，部分党政机关的关键位置干部申报了财产。2011年，政府颁布了第68号决定（68/2011/ND - CP），对2007年的决定进行了补充和修订。2012年11月，越南十三届国会第四次会议以94.98%的赞成票通过了《防止和反对贪污腐败法》（修正案），该法律规定越南干部及其他公职人员必须填报个人财产申报表，从而使得国家公职人员财产和收入申报开始有法可依。这部法律还对领导干部个人申报增加的财产的义务加以规定，越南国会指定政府负责出台有关领导干部个人增加财产的定价、申报人的权利与责任、申报手续与程序等规定。

根据《防止和反对贪腐败法》（修正案）规定，越南的领导干部须在每年 1 月 1 日至 3 月 31 日期间，将个人财产申报清单在本人所在机关、组织或单位公示，越南国会代表及地方各级人民议会代表及其候选人的个人财产申报清单，则在选举地区公示。

2007 年政府第 37 号决定规定了 11 种人属于申报主体：

1. 专职国会代表、专职议会代表、国会代表和议会代表候选人；

2. 县级和副处级以上干部和公职人员，以及其他机关、组织、单位中享受副处级以上待遇的人员；

3. 部队和副团级以上指挥官和县武装部副指挥长以上军官，公安部门副团级以上、区县级公安局副局长和大队副队长以上干部；

4. 国营医院、研究院的经理、副经理、院长、副院长、会计师、处长、副处长、科室主任、科室副主任和主治医师等；

5. 由国家财政拨款的报社、杂志社的总编辑、副总编辑、会计师、处长、副处长等；

6. 国家下属各省、市、区的小学和幼儿园的园长、副园长和会计师；国家下属各初中、高中、中专、职业学校和培训中心的校长、副校长和会计师；国家各所大学和高等院校的校长、副校长、会计师、处长、副处长、系主任、副系主任和正教员（相当于副教授）；

7. 国家财政投资项目的经理、副经理、会计师、处长、副处长、项目主任和副主任，官方发展援助（ODA）资金项目经理、副经理、会计师；

8. 国有公司中的总经理、副总经理、经理、副经理、董事长、副董事长、董事、监事长、副监事长、监事、会计师、处长、副处长、项目主任、项目副主任以及业务处长等，受国家委派到国有企业担任上述职务者；

9. 各级党委书记和副书记，各级人民议会主席和副主席，各乡、坊、镇人民委员会主席、副主席和委员，公安局局长，乡级武装部部长，土地和建设局干部，乡、坊和镇级财务和会计等；

10. 国家调查员、检查员、审判员、法庭书记员、国家巡检员、监察员、执行员和公证员等；

11. 经内务部和各部级单位领导商定并呈报总理批准，如下人员也在申报之列：在国家财政和资产管理部门的工作人员，在国家各级党政机关、政治—社会组织以及国会办公室、人民议会办公室和国家主席办公室工作的人员。

根据 2011 年越南政府第 68 号决定，属于申报范围的机关、组织和单位包括：国家机关、政治组织、政治—社会组织、社会组织、社会—行业组织、人民武装单位、事业单位、国有企业以及其他使用国家财政的机关、组织和单位等。第 68 号决定规定：财产和收入申报的真实性由申报人自己负责。申报表将由人事部门存档，只用于以下三种情况：一是干部任免和晋级时；二是接受贪污腐败调查时；三是其他与干部人事有关的事项。

政府第 68 号决定还对申报表的公示形式作出了明确规定：在职干部可由本单位领导决定在会上宣读或张贴公示；国会代表及地方各级人民议会代表的申报表需要在代表的办公地点和居住地公示，由国会、地方议会选举委员会以及越南祖国阵线常务委员会指定公示形式；即将当选国会或议会代表候选人的申报表须对当届国会代表或议会代表公开，具体公开形式由国会常务委员会和议会常设机构决定；政治组织、政治—社会组织和行业组织的公职人员，则需要根据本人单位的规定在单位内部公示。所有以上情况的公示期不得少于 30 天。

对于不如实申报财产和收入者，可视情况分别作出不同等级的处罚，包括：谴责、警告、降职和开除等，并且将处罚决定在单位公示 3 个月以上。推迟申报者，也可能被处以谴责、警告或降薪处分。

国家还统一制定了财产收入申报表，分为 1 号、2 号和 3 号表。首次申报的需要填报 1 号表，这是在申报范围内的所有公职人员必须填报的表格；第二次以上申报的需填报 2 号表，即财产和收入变动申报表；国会代表、议会代表候选人和即将发生职务变动者填报 3 号表。申报表需要填报的信息除了本人外，还包括申报人的配偶和未成年子女。申报的内容包括：住房、建筑工程、土地使用权、珠宝、现金、各种有价证券以及其他价值在 5000 万盾（1 美元约合 22000 盾）以上的物品，存放在国外的价值在 5000 万盾以上的财产和银行账户，以及申报期内的实际总收入等。全部财产每年变动金额超过 5000 万盾的，都必须填报 2 号申报表。规定申报时间跨度为每年的 1 月 1 日至 12 月 31 日，在来年的 1 月 1 日至 3 月 31 日期间完成公示。

2012 年底之前，越南各国家机关和单位非常重视落实这项工作。越南财政部于 2012 年 12 月 3 日颁布了第 16741/BTC－TT 号公文，提出了具体实施办法。该办法要求其下属所有单位的人事部门必须在 2012 年 12 月 31 日前收齐申报表，之后报送财政部；河内市也颁布了具体操作方案，要求市属各机关单位公职人员严格执行财产和收入申报规定；越南河内师范大学和航海大学等单位还公布了具体实施细则，要求正教员（相当于副教授）、各科室以上干部填报财产和收入申报表，并及时上报。越南航海大学规定，延迟 30 天之内未上报者，将受到谴责；30—45 天者，将受到警告；超过 45 天以上的，将受到更加严重的处罚，甚至受到法律制裁。

二　执行情况

对于公职人员财产申报制度，越南百姓普遍欢迎，但并不抱有很大希望。对于新出台的《防止和反对贪污腐败法》（修正案），越南芹苴市律师阮长城（Nguyễn Trường Thành）指出了几点不足之处：

第一，是法律不够严谨，例如申报人为在职的，要求其在单位申报，而国会代表则要求在其住所或者选区公布，由于 70% 以上的国会代表都是有单位的人，到底在哪儿申报就成了问题，因此执行过程中存在漏报或不报的情况。又如，对于财产申报内容的核实，规定由单位负责人来核定，如对于没有单位的国会和议会代表候选人的申报表，则未明确由谁来核实。

第二，祖国统一阵线有权确认国会代表的申报材料，而不是所有申报对象，但根据有关规定，祖国阵线有权对执法情况进行监督，这就产生了矛盾。

第三，尽管国家主席张晋创表示："任何人都无权阻止媒体反腐败"，但有关法律规定并未提及新闻媒体有权跟踪和核实公职人员的申报情况，所以实际上媒体发挥不了什么作用。

第四，只要求申报人申报本人、配偶及其未成年子女名下的财产，但是没有把其他亲戚和相关的人列入申报范围，这将会使部分干部有可能将其财产转移至其他亲属或朋友名下。

据原越南财政部战略研究院院长刘碧湖（Lu'u Bích Hồ）博士介绍：目前执行财产申报和公开的情况还很有限，也不够严肃，只涉及高级干部、有问题的干部或者即将提拔的干部等，且主要是申报土地和住宅，而且这些信息也不一定准确；实际上就如同越南一直以来的反腐败情况一样，马马虎虎走过场；干部和群众并不相信这个规定能执行好。刘碧湖认为，这件事很重要，但很难执行，原因是整个政治系统还不透明也不公开，经济问题很多，贪污腐败严重。刘碧湖认为，需要经过很长时间的改革之后，这一规定才可能落实到位。在刘碧湖看来，这件事最为关键的是干部和人事制度的改革。

根据以往的经验，越南颁布的法律法规在制度上很严格，但是在执行的过程中都是大打折扣。现在对于财产申报只是采取内部公示的办法，而不是向全社会公开，因此有很多回旋余地，因而还不具备很强的约束性。但最近两年来，越南共产党在治理贪污腐败方面不断加大力度，出台了一系列政策并发起了自上而下的整顿党风党纪运动。修订后的《防止和反对贪污腐败法》有可能从制度上对防止贪污腐败现象起到一定的抑制作用，但目前看来还不可能有效地解决腐败问题。

越南广大干部以及各类公职人员的物质待遇不高，仅就工资待遇、收入水平而言，越南的公务员工资比中国低很多，折合人民币月薪平均1000多元，但越南的消费水平及物价并不比中国低。因此，一般公职人员都在外兼职赚取额外薪资以补贴家用，一般都要做一到两份兼职工作。这种状况实际上会对本职工作产生很大影响。在收入待遇偏低的情况下，干部收受礼品、钱物的现象相当普遍，号称"红包文化"。越南尽管近年来经济建设取得了很大成就，发展速度较快，但依然处于工业化、城市化的起步阶段，社会管理十分粗放，尤其是在财务、税收和金融方面，远未达到现代管理水平。财务、税收制度十分松弛，许多企业连税收标准都搞不清。在经济贸易活动中大量使用现金，基本上缺乏监管，甚至在许多情况下没有监管。在这样的社会整体管理水平的背景下，孤立的官员财产申报和公示制度，似乎难以起到应有的作用。

财产申报制度构筑反洗钱防火墙

贾晋京

国外公职人员的财产申报与公示制度与反洗钱,维护金融、经济秩序有着密切关系。这一点在西方发达国家尤为明显。从一定意义上讲,国外的财产申报与公示也是反洗钱的一种措施和手段。

洗钱是指"将非法所得转变为表面合法所得的行为"。从法律角度看,腐败是洗钱的上游犯罪,反腐败与反洗钱是上下游关系。而洗钱的上游犯罪除了腐败之外,常见的还有恐怖融资、贩毒、诈骗等,反洗钱针对的是洗钱犯罪行为,并不特定针对某一类上游犯罪。如果说反腐败洗钱的执法行为有什么特别之处的话,那就是需要利用官员财产申报与公开的信息。反洗钱本质上是一个金融信息挖掘过程,建立有效的官员财产数据库可以使腐败分子的洗钱行为无所遁形。可以说,官员财产申报与财产公开是预防腐败洗钱的一堵"防火墙"。

随着金融产品创新的步伐越来越快,近年来,全球非法财产转移数量正在高速增长,洗钱手段日益翻新,腐败犯罪与洗钱犯罪的关系越来越密切,已成为一个全球性现象。由于金融产品的日新月异,加之全球金融体系的"衍生化"趋势日益加强,"财产"的表现形式也日趋复杂,客观上给官员财产申报和反洗钱都增加了难度。这就要求财产申报和公开的种类要与时俱进,跟得上金融产品创新的步伐;要求反洗钱工作采用先进技术手段,搜集和挖掘更大量的数据。

随着全球离岸金融体系的快速发展,金融活动越来越多地转移到法律上的"境外"进行,这给了洗钱犯罪以可乘之机。打击离岸金融体系中的洗钱犯罪和财产转移,需要各国加强国际合作。

由于国际金融体系的发展变化和洗钱犯罪花样不断翻新，各国都在加强应对，研究出台针对非法财产转移的新法规，故而国际上相关领域的法律规则与监管手段处在快速变化中。

一　美、俄出台针对洗钱行为的财产申报新法规

洗钱是财产转移过程，而海外财产往往是财产转移的目标和结果。相对于洗钱行为的高速动态操作、不易发现的特点，海外财产可以看作一种相对"静态"的存在，使得反洗钱部门的审核甄别工作有时间来进行，因此从公民海外财产着手打击洗钱行为已成为国际上反洗钱立法的新趋势。

2012 年 2 月 8 日，美国就 2010 年立法通过的《海外账户纳税法案》（*Foreign Account Tax Compliance Act*，简称 FATCA）与欧洲五国达成了执行协议，并出台了实施细则，标志着美国"反资产外逃"监管风暴的到来。

美国《海外账户纳税法案》规定，凡居住在美国境内、在海外拥有 5 万美元以上资产或者居住在美国境外、在海外拥有 20 万美元以上资产的美国公民和绿卡居民都要在 2012 年 4 月 15 日前向政府申报；藏匿海外资产拒不申报被视为有意逃税，一经查出会被处以高达 5 万美元的罚款，严重的还会被判刑。此外，该法案还规定，所有在美国经营的外国银行从 2013 年 1 月 1 日起都必须向美国税收当局提供存款超过 5 万美元的美国公民账户信息，否则就将被视为"与美国政府不合作"。对于不合作的金融机构，美国政府将对其来源于美国的总收入征收 30% 的惩罚性税收。

与美国此前已有的、于 20 世纪 70 年代制定的《外国账户申报法案》（*Foreign Bank & Financial Account Report Act*，简称 FBAR）相比，《海外账户纳税法案》对于"资产"的定义更加宽泛，增加了纳税人在外国公司股权投资、对冲基金份额和私募股权基金份额等，不过并不包括房地产。

美国制定严厉的反洗钱新法规有其特殊背景。2011 年，美国最富有的1%纳税人只缴纳了其应税收入的约17%，其余83%都通过种种手段藏匿到了税务官的视线之外，其中最主要的手段就是通过洗钱方式把财产转移到了离岸金融体系当中。最富1%纳税人所缴纳的税收，已相当于美国个税总额的37%，由此不难推算被非法转移的财富有多么巨大！在美国不断面临"债务上限"危机，政府缺少可以还债的收入情况下，如此巨大的应税财产被转移出境，美国政府怎能不设法加以应对？

不过，《外国账户申报法案》究竟能起到多大效果，还有待观察。美国富人转移财产的主要洗钱途径是对冲基金，而对冲基金往往注册在一些被称为"避税天堂"的小岛型离岸金融中心，比如索罗斯的量子基金注册地是荷属安德列斯群岛。这些"避税天堂"远离美国本土，也不在美国法律管辖范围内，客观上很难去审查谁有多少钱在里面。

美国的《外国账户申报法案》主要并非针对公职人员，但洗钱作为下游犯罪并没有特定的上游罪行，因此也可借鉴于反腐败洗钱。

俄罗斯近年来与美国同样深受资金非法转移的困扰，大量的资本外逃甚至严重影响到了俄罗斯的宏观经济状况。

2012 年 12 月 4 日，俄罗斯公布了关于政府官员申报财产收入的《审查公务员消费占收入比例法》，该法案要求政府成员应该申报自己、配偶和未成年子女的支出。根据该法案，如果公务员当年消费额超过本人及配偶最近 3 年的总收入之和，则必须提交本人、配偶和未成年子女的收入信息，包括每笔购买土地、其他不动产、交通工具、有价证券及股份的交易。该法案预定于 2013 年 1 月 1 日起生效。

法案出台后，2012 年 12 月 12 日，俄罗斯总统普京在发表《国情咨文》讲话时呼吁议会支持关于限制官员和政治家在国外拥有财产、银行账号和有价证券。普京称，普通公务员在国外购置不动产应当申报，而官员则应当解释购买不动产的资金来源。普京在讲话中强调，政府官员在海外开设银行账户和拥有海外资产的行为必须受到法律约束。普京表示，官员必须申报海外资产并解释其资金来源要从俄罗斯的高级领导人做起，例如总统、总理以及他们的家人。

除美、俄之外，英国、法国、荷兰等欧盟国家于 2012 年底展开了针对跨国公司逃税洗钱行为的执法行动，并在酝酿出台新的监管法规。

二　洗钱行为呈现新特点

美、俄等国出台财产申报新法规针对的是当前跨国洗钱行为出现的新特点。

随着国际金融体系格局变化加快，洗钱行为手法日益繁多，花样翻新加快，转移金额飞涨，操作更加隐蔽，对监管当局的反洗钱执法提出了新的挑战。

概括而言，当前跨国洗钱犯罪呈现的重要新特点有四

（一）发展中国家资金外逃高速增长

2012 年 10 月，总部设在华盛顿的全球金融诚信组织（Global Financial Integrity）发表《非法资金转移》报告显示，2010 年，发展中国家流向海外的非法资金额比前一年增加 11%，达 8588 亿美元，其中中国占到近半数，流失资金额达 4204 亿美元。报告指出，贪污腐败、犯罪活动和逃税等上游犯罪带来的洗钱问题已使发展中国家蒙受巨大损失，过去 10 年，将近 6 万亿美元的资金经由非法渠道流出发展中国家，并且情况还在不断加剧。

（二）离岸金融体系成为腐败洗钱主渠道

离岸金融（offshore finance）是指设在某一国家或地区境内但不受当地金融法规管制的金融机构所进行的金融通活动。由于法律约束少、资金流通便利加上税收极低等原因，离岸金融受到国际资本的欢迎。世界上的离岸金融中心多分布在英属维尔京、百慕大、新加坡、中国香港、直布罗陀等面积较小的海港，其中大部分是原先的英帝国领地。20 世纪 90 年代之后，随着互联网技术的发展，资金在离岸金融中心之

间流通愈发快捷，全球离岸金融体系出现了爆炸式的发展。近年来由于新兴市场国家经济总量增长等多方面原因，全球离岸金融体系处在一个新的快速发展时期。离岸金融体系也被腐败分子加以利用，成为腐败洗钱的主渠道。2012 年 7 月，英国智库"税务公平网络"发布由前麦肯锡首席经济学家詹姆斯·亨利撰写的《重新审视避税资产价值》报告，认为被藏匿在全球离岸金融体系中的非法资金总量可能高达 32 万亿美元之巨。虽然无法评估其中有多少是腐败所得，但毫无疑问几乎全部是洗钱行为的结果。

（三）互联网洗钱日益猖獗

随着近年来电子商务的快速发展和网络支付工具的日益普及，利用互联网洗钱的犯罪行为迅速增加。目前，利用互联网洗钱的主要方式有利用网上银行洗钱、利用网络赌博洗钱、利用电子商务在线销售洗钱、利用网上证券交易洗钱等。利用互联网工具进行洗钱具有操作简便、隐蔽性强且各国法律之间存在巨大"灰色地带"等特点，给各国监管部门提出了巨大挑战。

（四）私人银行业务洗钱问题突出

私人银行业务是专门面向资金量特别巨大（通常指 100 万美元以上）的个人客户的资产管理及投资规划服务，原先主要是瑞士、英国等地的少数家族银行经营，近年来扩展到新兴市场国家，并且一些大型商业银行也推出了私人银行服务。长期以来，私人银行业务用于吸引客户的核心承诺之一就是"保密"，瑞士的银行业甚至因严格的保密制度而闻名。而"保密"也为洗钱提供了便利条件。进入 21 世纪以来，国际上涉及私人银行业务的洗钱案件呈日益增加之势，2012 年 3 月和 8 月，苏格兰皇家银行和渣打银行先后因私人银行业务涉嫌洗钱而受到英、美监管部门严厉处罚。作为对私人银行业务洗钱问题日渐突出的反应，美国要求银行向监管当局提供客户信息的次数越来越多。2009 年，美国曾要求瑞士的银行提供客户信息，瑞士被迫妥协，瑞士联邦银行等把超过 4000 多个客户信息交给了美国税务当局。

三　反腐败洗钱已纳入国际法体系

2003 年 9 月 29 日，《联合国打击跨国有组织犯罪公约》开始生效，该公约把腐败犯罪与洗钱犯罪共同列为需要国际合作重点打击的跨国有组织犯罪。

同年 10 月 31 日，第 58 届联合国大会全体通过了《联合国反腐败公约》（下简称《公约》），成为各缔约国共同遵守的国际反腐败合作纲领和准则。中国参加了《公约》起草和谈判的全过程。中国政府于 2003 年 12 月 10 日签署了《公约》，并于 2005 年 10 月 27 日在第十届全国人民代表大会常务委员会第十八次会议上批准。

《公约》当中共有 12 条、95 款涉及反洗钱事务。《公约》规定，各缔约国应对金融机构等建立全面的遏制并监测洗钱的国内管理和监督制度，建立金融情报机构及信息共享与合作机制等。并特别规定，缔约国应根据本国法律采取必要措施，要求其管辖范围内的金融机构核实客户和有关实际受益人身份，尤其强调对国家公职人员相关账户进行强化审查。

《公约》明确规定为反腐败目的，各缔约国对金融机构等应建立全面的反洗钱制度，贯彻客户身份识别（KYC）、记录保存和可疑交易报告制度等。通过集中金融信息，整合行政、执法、商业信息，依靠现代信息技术手段主动、及时而隐蔽地发现潜在犯罪线索。

《公约》第 14 条规定：各缔约国均应当"确保行政、管理、执法和专门打击洗钱的其他机关（在本国法律许可时可以包括司法机关）能够根据本国法律规定的条件，在国家和国际一级开展合作和交换信息，并应当为此目的考虑建立金融情报机构，作为国家中心收集、分析和移交关于潜在洗钱活动的信息"。

《公约》第 58 条规定："缔约国应当相互合作，以预防和打击根据本公约确立的犯罪而产生的所得转移，并推广追回这类所得的方式方法。为此，缔约国应当考虑设立金融情报机构，由其负责接收、分析和向主管机关移交可疑金融交易的报告。"

四　国际反洗钱组织体系日益完善

国际反洗钱合作体制近年来日益完备，规则日渐完善，当然，这很大程度上与 2001 年 "9·11" 事件之后美国在国际上大力推进反恐怖融资有关。

国际反洗钱体系中最重要的指导机构是金融行动特别工作组（简称 FATF），这是一个政府间组织，负责制定反洗钱和反恐怖融资的指导方针并推动各国制定和实施相关政策。FATF 最初是 1989 年 7 月西方七国集团在巴黎举行的首脑会议上针对贩毒洗钱问题成立的一个临时机构，成立时设定续存期限为 5 年，后来又延长了 8 年，本应于 2002 年到期。但由于 2001 年发生了 "9·11" 事件，美国有推动反恐怖融资的需要，FATF 就变成了常设机构。中国于 2007 年加入了 FATF。2013 年初，FATF 有 36 个成员国。

FATF 制定的反洗钱指导文件 "40 条建议"（The FATF Forty Recommendations and Special Recommendations on Terrorism Financing）堪称国际反洗钱工作的 "宪章"。

"40 条建议" 的第一个版本于 1990 年 2 月发布，其主导思想是金融机构应成为监测非法资金流动的主体，核心建议是将洗钱活动归入刑事犯罪，并制定相应的临时措施和没收措施；在金融监管方面，建议强化金融机构在打击洗钱方面的职责；在国际合作方面，建议加强各国行政及其他方面的合作。

2003 年 10 月，针对反恐融资的需求，"40 条建议" 做了重大修改，成了 "40 + 9 条建议"。

2012 年 2 月，FATF 发布了《关于打击洗钱、恐怖融资、大规模杀伤性武器扩散融资的国际标准：FATF 建议》，把 9 条建议的内容融入 40 条之中，被称为 "新 40 条建议"。

除了全球性的 FATF 之外，近年来地区性的政府间反洗钱协调组织也在日益增加。由于法律体系和文化传统等方面存在差异，因此反洗钱政策的制定和实施以及国际合作需要在总体原则的指引下兼顾地区特点。地区性的政府间反洗钱协调组织是世界各地结合本地区特点建立起来的反洗钱组织。

目前已经建立的地区性的政府间反洗钱协调组织包括：欧亚反洗钱和反恐融资小组、亚太反洗钱工作组、加勒比反洗钱金融行动特别工作组、欧洲理事会反洗钱措施评估专家委员会、东南非反洗钱工作组、南美金融行动特别工作组、中东北非金融行动特别工作组等。

此外还有一个重要的国际反洗钱合作组织是埃格蒙特集团（Egmont Group），这是各国的金融情报中心（Financial Intelligence U-nits，简称 FIU）间的合作组织。埃格蒙特集团成立于 1995 年，因会议地点在比利时的埃格蒙特 - 阿森伯格宫而得名。截至 2011 年，埃格蒙特集团共有 117 个成员单位。其开发的"埃格蒙特安全网络"是各FIU 间情报交换的主要渠道。

五　健全反洗钱信息利用制度

反洗钱本质上是一个信息搜集与数据挖掘过程，反洗钱信息利用程度直接决定反洗钱工作的效果。

从国外经验来看，健全的反洗钱信息制度大致包括以下四个方面。

（一）"全覆盖"的反洗钱情报网络

金融流通情况的信息搜集要覆盖社会资金流通的各个角落，任何遗漏都会使洗钱犯罪成为"漏网之鱼"。公务人员的财产申报要做到种类完全、信息充分，才能真正起到预防腐败的效果。

当前各国的反洗钱情报网络多以美国为模板。美国的反洗钱情报网络建立早，体系完整，覆盖全面。美国的反洗钱情报体系核心是金融犯罪执法网络（简称"FinCEN"）。FinCEN 是美国财政部的下属部门，其职责有两个方面：一是督促金融机构报告可疑交易、保存交易记录；二是向 150 多个联邦、州、地方和国际执法部门的金融犯罪调查提供最新情报。同时，FinCEN 是联系执法、金融和政策制定部门的网络中心。在 FinCEN 的示范作用下，各国陆续建立起金融情报中心（the Financial Information Unit，简称 FIU）。1995 年，各国的金融情报中心（FIU）联合建立旨在相互交流信息的艾格蒙特组织（Egment Group）。

（二）"广参与"的信息公开与公众监督制度

建立在"全覆盖"的反洗钱情报搜集系统之上的信息甄别制度对于发现资金异常流动情况必不可少。将相关信息开放给公众，既有利于更有效地发现异常信息，也便于公众监督。这方面加拿大的经验有借鉴意义。

加拿大根据其 1983 年颁布的《联邦信息法》，建立了任何人都可登录的官方网站，可以查询官员收入、衔级等信息。而政府有义务公示每名官员的上级或监督部门的联系方式以便监督。任何人都能从网上查到官员的收入明细，更可随时向有关监督部门，或向这些官员的上级反映。

（三）"勤报告"的金融信息挖掘体系

可疑交易报告和大额交易报告是反洗钱工作的基础。随着金融交易种类的迅猛增长和洗钱手法的日益复杂，反洗钱工作也在不断细化。当前，各国反洗钱当局要求金融机构提供报告的种类越来越多、内容越来越复杂。

以美国 FinCEN 为例，FinCEN 要求金融机构提供的大额交易报告包括：现金交易报告，赌场现金交易报告，现金与货币工具国际交易报告，外国银行与金融账户报告。这些报告的内容要求包括客户身份信息、账户基本信息、交易基本情况、其他与交易相关的主体身份信息（交易对手、受益人、交易指令人等）、提交报告的金融机构的基本信息。

FinCEN 要求金融机构提供的可疑交易报告包括：可疑交易报告，赌场和纸牌俱乐部可疑交易报告，货币服务业可疑交易报告，证券期货业可疑交易报告，工商业现金超额收益报告等。这些报告列出了可疑活动的时间区间、特征、可能造成的损失等十三项指标，引导报告者详细地展示出交易与违法犯罪行为的联系，以帮助当局对可能涉及的犯罪行为作出判断。

（四）"严织网"的多部门信息共享机制

反洗钱工作涉及多个政府部门，各部门掌握的信息不同、司法和行政权限不同，因此，多部门信息共享机制对有效开展反洗钱工作必不可少。

美国的反洗钱执法由财政部、司法部、税务总署、海关总署、联邦调查局和美国邮政总局合作进行，各部门之间分工合作，信息共享：财政部负责《银行保密法》的执行和相关信息提供，司法部负责起诉洗钱犯罪案件并进行通报，税务总署负责监督金融机构及其从业人员遵守金融交易报告义务的情况，海关总署则负责调查与走私或意图逃避货币或金融票据转移的情况，联邦调查局拥有跨部门、行业调查洗钱犯罪的权力，邮政总署负责利用邮政或其他邮政犯罪所产生的财产的洗钱案件。

六　严厉处罚参与洗钱活动的金融机构

反洗钱与其说是一项金融工作，毋宁说更是一项司法与执法行动。反洗钱各环节，从洗钱情报搜集、异常情况报告到信息甄别、洗钱罪行处罚，无一不属于执法范畴，其工作效果如何，与各个岗位上的执行人员的自律、自觉有很大关系。换句话说，假如反洗钱工作的参与者尤其是金融机构不自律、不自觉的话，洗钱行为不一定会被发现并受到处罚。从这个角度来看，反洗钱工作就有了执法工作的一项关键特征：严厉处罚违法者才能起到惩戒作用，遏制未来违法行为的发生。

2012年，多家全球性大银行因涉嫌协助洗钱而遭到英、美监管部门的严厉处罚，震惊世界。2012年7月，美国参议院发布一份长达335页的调查报告，指控英国汇丰银行长期为恐怖、贩毒等多种犯罪行为提供洗钱帮助，其客户名单广泛涉及伊朗、叙利亚等被美国列入"黑名单"的国家。美国参议院的报告还称汇丰的公司文化受到"重度污染和腐蚀"，帮助客户从墨西哥、伊朗、开曼群岛、沙特和叙利亚等全球"最危险、最神秘的角落"非法转移资金可能达7000亿美元。经过几个月的谈判，汇丰被迫接受高达19.2亿美元的巨额罚款，并宣布接受更加严格的信息报告规则。

2012年8月，美国纽约州金融服务局对英国渣打银行提出指控，指其协助受到金融制裁的伊朗进行了高达2500亿美元的交易，涉嫌巨额洗钱。最终，渣打银行同意缴纳3.4亿美元罚金以达成和解。

除了汇丰和渣打之外，2012年受到反洗钱调查的还包括苏格兰皇家银行、劳埃德银行、德意志银行等全球大银行。可以说，2012年的"反洗钱风暴"前所未有，力度空前。这与金融危机的特殊背景有关，但也可以看出对洗钱行为的打击和处罚力度大大加强也是大势所趋。

台湾地区公职人员财产
申报与公示制度

郑振清　吴　亮

　　我国台湾地区从 1993 年开始实施公职人员财产的"强制申报"和"强制公布"（公示）等制度，廉政建设得以迅速推进，至今已有 20 年的经验。在当前两岸关系和平发展阶段，两岸同文同种的背景极大地促进了两岸在很多领域开展广泛交流，台湾地区的廉政经验正在成为这次交流浪潮中的一部分，并且具有很高的社会舆论关注度。本文梳理台湾地区公职人员财产申报与公示制度的建立发展过程和主要内容，并对其经验和教训进行简要评述，以期加强我们对廉政建设的比较研究。

一　台湾地区廉政建设的社会动力
与财产申报制的建立

　　当代台湾地区的廉政建设，特别是公职人员财产申报与公布制度，是在中国国民党威权统治末期社会民众对政商勾结、官员贪污高度反感的社会情绪下，进而受到政治民主转型的刺激而得以启动的，并以其系统性、强制性、严格性和相对完善程度而知名。

（一）廉政建设的社会动力

　　从 1949 年到 80 年代末，国民党在台湾建立起以"动员戡乱体制"和"戒严令"为核心的威权统治秩序,国民党一党垄断政权。这种巨大且缺乏有效监督的党政大权使得"民主"、"廉政"只是停留在纸面上。国民党各级官员滥权、贪污的问题十分严重,特别是在建筑工程、金融保险、物流运输等领域有着大量的政商勾结和利益输送。这种情况在60年代就引发了强烈的社会反感。为此,台湾"立法院"在1963年颁布了《贪污治罪条例》,明确规定有贪污罪嫌疑者不得假释,但是反腐效果不佳。到了80年代,很多地方财阀推出的政治人物竞选"立法委员",他们开始结盟并试图影响政策的制定,产生了很多利益输送的案件,其中"十信案"是典型代表。"十信"全称"台北市第十信用合作社",是台湾最大的信用合作社,由台北蔡万春家族控制。1982年蔡万春之子蔡辰洲当选"立法委员",同多位"立委"结盟向财经官员游说通过"信托公司办理银行业务"政策。由于"十信"在政商勾结下积累的金融风险太高,到1985年终于引发民众挤兑而破产,数千名储户的积蓄血本无归,涉案金额高达100亿元新台币。这个"十信案"震动全台湾,导致了多位"部级"党政高官辞职。同时,当时台湾很多金融机构也存在"金权"勾结的问题,台湾官员严重的滥权、贪污问题大白于天下,社会民意的反对声浪逐渐升高。

80年代末期以后台湾的经济自由化,刺激了不少国民党党政官僚利用手中权力开展寻租,甚至公开与资本家联盟。[①]李登辉曾经毫无顾忌地与重要工商界人士联谊,国民党中央、地方派系和本土大资本家在利益驱动下逐渐摆脱以往的政治禁忌,建立起密切的政商关系。同时,国民党当局开始实行"公营事业民营化",既想革除公营事业弊端,也想趁机扩大党营事业,最后当局继续控制大批公营企业50%以下的股份,可以通过任命官股代表和董事长人选而继续控制企业,同时由于民股占了50%以上,企业因此具有民营性质,不受监察机关的监督。与此同时,有黑道背景的资本家趁机向民意代表和各级政权渗

---

① 王振寰:《台湾新政商关系形成与政治转型》,《台湾社会研究季刊》1993年第14期。

透，权力、金钱与选票暗中勾结的情况不断出现，引发社会舆论的高度反感。因此，要求约束党政公职人员的权力、建立有效的廉政制度以及公开公职人员财产信息的民意十分强烈，当时新成立不久的民进党也积极参与这波廉政民意当中。

（二）财产申报制度的建立

迫于社会形势，台湾"行政院人事行政局"在1989年秋成立"公职人员财产申报法草案研究小组"，着手拟定"行政院"版的财产申报法草案。1990年8月，《公职人员财产申报法》草案出台。按规定，草案由"行政院"院会通过以后应提交"立法院"审议表决，但该草案引发了国民党青壮改革派"立委"和民进党"立委"的共同批评。主要批评意见包括：（1）申报人员只覆盖"总统"及政务官、选举产生的各级政府机关首长及各级民意代表，申报主体覆盖面太过于狭窄，很多权力部门人员的贪腐无法制约；（2）申报为公职人员自愿进行，法律并不强迫；（3）申报结果要求保密，而不对外公开；（4）申报财产覆盖面不全，公职人员可能会以其他手段转移财产等。①

在这种舆论环境下，该草案在"立法院"眼见将无法通过。为此，1993年3月，一些国民党青壮改革派"立委"与民进党"立委"协商，联合对该草案进行了较大幅度的修改，特别是针对批评意见补充提出了四种"强制条款"。

首先，提出"强制申报"的原则，即取消自愿申报，加入每年定期申报一次的条款。

其次，提出"强制信托"的原则，增加条款规定申报官员的大额不动产及上市股票一律由台湾当局承认的信托公司代为保管。

再次，提出"强制公布"原则，否定之前保密的条款，规定"政府"应该将公职人员财产申报资料刊登公报或整理汇总供民众查阅。

最后，为避免法律形同虚设，增加条款规定了"强制处罚"的原

---

① （台北）《经济日报》1990年8月2日，第1版。

则，即规定未依法申报财产的公职人员将予以处罚，甚至是刑事处罚。[1]

这些增设的"强制条款"引发国民党当局行政官僚和一些党部官僚的反对。国民党中央动员本党籍"立法委员"与其他支持"强制信托"和"强制公开"的"立委"进行辩论。时任"法务部长"的马英九也代表官方提出一份声明，批评"强制信托"和"强制公开"是"世界上对公职人员最严苛的制度"，认为这样的法案不是合理的"阳光法案"[2]，而是过度曝光的"烈日法案"。[3] "行政院"甚至威胁将利用"复议权"来制衡"立法院"。但是，在台湾社会民意风起云涌的形势下，国民党官僚出于自身利益的反对无法坚持下去。最终，1993 年 6 月15 日，经过大幅度修改的《公职人员财产申报法》在"立法院"三读通过，全文增加为 17 条，规定于当年 9 月 1 日起实施。由于"行政院"鉴于舆论压力和表决形式没有提出"复议案"，这样，台湾历经四年多的"立法"博弈过程，最终完成《公职人员财产申报法》的制定。[4]

(三) 相关法律与制度的完善

台湾的《公职人员财产申报法》并不是孤立的，还需要一系列的配套法规。台湾"法务部"后来相继公布了《公职人员财产申报填表说明》（草案）、《公职人员财产申报资料审核及查阅办法》（草案）、《公职人员财产申报法施行细则》（草案）等。

根据法律实施中产生的新问题，《公职人员财产申报法》经历了总共四次修订。1994 年和 1995 年，"立法院"就该法的若干条文进行了两次修改，但是社会舆论一直批评台湾当局没有通盘考虑扫除"黑金

---

① 台湾"立法院"1987—1988 年会期《立法院公报》，引自《联合报》1993 年 3 月 3 日，第 4 版。

② "阳光法案"又称"阳光法律"（sunshine laws），由美国法律概念直译而来，也被称为"阳光政治"。美国是最早采用"阳光法律"的国家之一，在美国"阳光法律"具体指《政府伦理法》、《伦理改革法》、《行政程序法》、《信息自由法》、《游说法》及《国会伦理法》等廉政及预防腐败的相关法律体系。

③ （台北）《中国时报》1993 年 4 月 16 日，第 2 版。

④ 范忠信对此过程已有介绍。范忠信：《"阳光法案"与台湾"廉政"问题——台湾〈公职人员财产申报法〉的特点、局限及其立法史》，《台湾研究》1994 年第 1 期。

政治"、预防贪污腐败，于是"立法院"在 2007 年 3 月第三次修订了《公职人员财产申报法》，主要是扩大申报对象、增加应申报财产项目、增加修订"财产强制信托"制度的配套规定、加强检查核实的权限和提高违法者处罚的额度等。①2008 年 10 月，"立法院"再次修订《公职人员财产申报法》的施行细则，该细则对代表台湾地方政府出任公司董事和监事人员的财产申报作了具体规定，这使得台湾财产申报人员的范围进一步扩大，使不少代表官方的董、监事无意继续任职而纷纷提出辞呈。

迄今为止，《公职人员财产申报法》经过四次修订已经相对完善，同时近年来台湾相继颁布实施《公职人员利益冲突回避法》、《行政程序法》、《政治献金法》、《政府信息公开法》、《档案法》及《信托业法》。另外《游说法》（草案）、《立法委员伦理法》（草案）、《政党法》（草案）、《政治献金管理条例》（草案）等也进入"立法"过程。②这些已出台的法律与《公职人员财产申报法》形成了良好的配合，形成了一套比较完善的制度体系，成为制约权力滥用和贪污腐败的"笼子"。

二　财产申报的主体

台湾公职人员财产申报制度覆盖的申报主体范围较为广泛，属于比较严格的类型。根据台湾相关法律规定（主要是《公职人员财产申报法》第 2 条），可将台湾公职人员财产申报的主体范围分为四大类：

1. 在广义的"行政"系统，需要进行财产申报的有："总统、副总统"；"行政院"和"考试院"的"正副院长"和政务人员；有给职之"总统府资政"、"国策顾问"及"战略顾问"；各级政府机关之首长、副首长及职务列简任第十职等（相当于大陆的正处级）以

---

① 台北市政府：《公职人员财产申报法之修法参考》，《台北市政府行政研讨会》，台北市，2004 年。

② 李志强：《阳光法案：以我国公职人员财产申报法为例》，《通识研究集刊》（台湾），2007 年 6 月，第 11 期。

上之幕僚长、主管；公营事业总、分支机构之首长、副首长及相当简任第十职等以上之主管；依《公职人员选举罢免法》选举产生之乡（镇、市）级以上政府机关首长；以及司法警察、税务、关务、地政、会计、审计、建筑管理、工商登记、都市计划、金融监督暨管理、公产管理、金融授信、商品检验、商标、专利、公路监理、环保稽查、采购业务等之主管人员（其范围由"法务部"会商各该主管机关决定）；属于"国防"及军事单位之人员，其财产申报范围由"国防部"决定。

2. 在"立法"系统，需要进行财产申报的有："立法院""正副院长"，以及各级民意机关之民意代表。

3. 在"司法"系统，需要进行财产申报的有："司法院、监察院""正副院长"，以及法官、检察官、军法官。

4. 其他领域需要进行财产申报的有：各级公立学校之校长、副校长；其设有附属机构者，该机构之首长、副首长；军事单位上校编阶以上之各级主官、副主官及主管；代表"政府"或公股出任私法人之董事及监察人；政风及军事监察主管人员；其他职务性质特殊，经主管机关核定有申报财产必要之人员。前项各款公职人员，其职务系代理者，亦应申报财产。"总统、副总统"及县（市）级以上公职之候选人应准用《公职人员选举罢免法》之规定，于申请候选人登记时申报财产。此外，上述三类系统以外之公职人员，经调查有证据显示其生活与消费明显超过其薪资收入者，该公职人员所属机关或其上级机关之"政风单位"，得经"中央政风主管机关（构）"之核可后，指定其申报财产。

根据台湾《公职人员财产申报法》第二条规定，上述人员的配偶和未成年的子女也应该申报。根据台湾"法务部"的统计数据，2004 年台湾进行财产申报的人数（不计算配偶和未成年子女）为 32386 人，2005 年申报人数（不计算配偶和未成年子女）为 31560 人，2006 年申报人数（不计算配偶和未成年子女）为 31841 人，如果按照每人一位配偶和最少一位子女进行推算，也有 10 万人左右，在台湾 2300 万人口中约占 0.43% 的比例，这在世界上也属于比较高的财产申报人口比例。①

三　财产申报的内容

台湾公职人员及其配偶和子女的财产申报内容较广，包含财产的方方面面，但主要分为动产、不动产及有价证券等。其中对于不同性质的财产申报起点各有不同，以台北市为例：

第一，对于不动产、船舶、汽车及航空器，无论其价值多少，均须申报。取得价额以实际交易价额或原始制造价额为准。无实际交易价额或原始制造价额者，以取得年度之土地公告现值、房屋课税现值或市价为准。

第二，对于现金、存款、有价证券、债权、债务及各种事业投资，要独立计算金额，每一类之总金额或总价额达新台币 100 万元以上者，均须申报。

第三，对于珠宝、古董、字画及其他具有价值之财产，每项（件）价额达新台币 20 万元以上者，均须申报。②

经过多年的运行，台湾公职人员财产申报范围日臻完善，对于一些虚拟财产也做出了申报要求，包括专利权、著作权、商标权、采矿权、渔业权、高尔夫球证、高级会所的会员证等。1993 年 10 月，台湾公布了 90 名党政要员的财产申报资料，后来爆出"行政院院长"连战有 4 张高尔夫球证未申报，总价值达 1300 万元新台币，约合 250 万元人民币。③ 将高尔夫球证、高级会所会员证、珠宝、高级宠物等也纳入财产申报的范围内，体现了台湾财产申报制度的细致和完善。

但是，台湾财产申报内容中也有不足的地方。其中最受诟病的是

---

①　参见台湾"法务部"全民反贪信息网：http://www.acp.moj.gov.tw/public/Attachment/711119142874

②　以上参见台湾《公职人员财产申报法》（2008 年修正）和台北市政府《台北市公职人员财产申报指南》2010 年。

③　范忠信：《"阳光法案"与台湾"廉政"问题——台湾〈公职人员财产申报法〉的特点、局限及其立法史》，《台湾研究》1994 年第 1 期。

玉石珠宝、古董书画等难以被准确估价的财产，台湾并不要求对于该类财产说明取得的时间、地点、原因和价格，因此影响到后续财产申报的核查或贪污线索的追查，并且容易导致申报者虚假申报。近年来，已有台湾学者建议台湾当局能借鉴香港地区和新加坡的经验，规定申报人说明财产名称、价值、占有数额、来源、获得日期、估价方法、变动情况等，以方便准确核查。

四　财产申报的方式

台湾公职人员的财产申报主要向三个单位申报。第一个是"监察院"，主要负责第十二职等（相当于大陆的正厅局级）以上的高级公职人员的财产申报；第二个是公职人员所在机关的"政风部门"，负责十二职等以下的公职人员财产申报；第三个是各级选举委员会，负责各级公职候选人的财产申报。

申报时间分四种：一是公职人员就职三个月内对所有财产进行申报；二是每年定期申报一次；三是卸职、离职或解除职位时也要进行财产申报；四是财产发生变动时，要进行动态的变动申报，这是根据台湾《公职人员财产申报法》新增第8条规定："立法委员"及"直辖市议员"依据第三条第1项规定申报财产时，其本人、配偶及未成年子女之前条第1项所有财产，应每年办理变动申报；五是特殊情况的制定申报，这是根据《公职人员财产申报法》第二条第4项，除本法应申报财产人以外之公职人员，经调查有证据显示其生活与消费明显超过其薪资收入者，该公职人员所属机关或其上级机关之政风单位得经"中央政风主管机关（构）"之核可后，指定其申报财产。

五　财产报告和公示管理

台湾对于公职人员的财产申报要求进行强制公开。但是对于不同的公职人员，公开方式也有一定的差异。

首先，所有申报人员的资料都要公开，但是主要以申请查阅的方式公开。台湾《公职人员财产申报法》第六条规定：所有受理申报的机关，应在 2 个月之内将申报资料审核，并汇总成册，供人查阅。

其次，高级公职人员的申报资料要刊登在"政府公报"并上网公告。《公职人员财产申报法》第六条规定："总统、副总统、行政、立法、司法、考试、监察各院院长、副院长、政务人员、立法委员、直辖市长、县（市）长等人员之申报资料，除应依前项办理外，应定期刊登政府公报并上网公告。"

最后，高级公职职位的候选人也采用汇编成册的方式供人查阅，只是汇编成册的时间要求更快。《公职人员财产申报法》第六条规定：总统、副总统及县（市）级以上公职候选人之申报机关（构）应于收受申报十日内，予以审核汇整列册，供人查阅。"①

台湾"行政院"还和"考试院"、"监察院"协同制订了《公职人员财产申报资料审核及查阅办法》，规定 20 岁以上公民可以申请查阅。到 2010 年 5 月，台湾"监察院"取消了原来的公职人员财产申报专刊，新设廉政专刊，提高了出刊频率，每月至少有一本廉政专刊报告公职人员财产申报情况。

六　财产申报的监察和处罚规定

台湾官方对于公职人员的财产申报材料会进行审核。审核分为两步。第一步是对资料进行书面审核，即就申报表所列项目，依书面记载逐项审核，如发现其有增、删、涂改处未盖章、字迹不清或其他填写不完备之情形，就会通知申报人员在一定期限内补充改正。第二步则是进行实质查询审核。依据《公职人员财产申报法》第十一条第 1 项规定："各受理财产申报机关（构）应就有无申报不实或财产异常增

---

① 李志强：《阳光法案：以我国公职人员财产申报法为例》，《通识研究集刊》2007 年 6 月第 11 期。

减情事，进行个案及一定比例之查核。"对此，台湾"监察院"已经从1998年起对于该单位负责的实质查询审核由抽查改为全面审查。而各机关的"政风部门"由于人力和时间的问题，对申报人采用不低于20%的抽查审核方式。依据台湾"司法部"的统计，从2004年到2006年台湾公职人员财产申报抽查审核的比例稳中有升：2004年申报人数32386人，抽查7003人，抽查比例为21.62%；2005年申报人数31560人，抽查7291人，抽查比例为23.10%；2006年申报人数为31841人，抽查7225人，抽查比例为22.70%。①

如果查实存在虚假申报或不全申报，台湾《公职人员财产申报法》制定了强制处罚的法律规定。法律的处罚总体分为以下几类：对于申报人，如果故意隐匿财产以逃避申报，则将被处以6万元至120万元新台币不等的罚款。如果申报人无正当理由未按照规定期限申报或故意虚假申报者，受理申报机构可以通知其限期改正补充，同时处以6万元至120万元新台币不等的罚款。如果逾期仍不申报或未改正的，则处以1年期以下的有期徒刑、拘役或10万元至50万元新台币不等的罚款。如果申报人违反强制信托的法律规定，则将处以6万元至120万元不等的罚款。同时会将处罚人姓名和处罚事由向社会公告。②

然而强制处罚不仅仅针对申报人，也针对接受查询者。为了审查申报资料的真实性，审查部门可以向财产所在地单位、团体和个人进行查询，受查询者需按实情告知，否则将被处以2万元至10万元新台币不等的罚款。同时会将处罚人姓名和处罚事由向社会公告。③

七 财产申报制度实施效果

台湾在实施财产申报制度初期效果并没有立竿见影，但是对于

①　本节资料来自台湾透明组织：http://www.tict.org.tw/front/bin/cglist.phtml?Category=100389。
②　（台湾）《公职人员财产申报法》，第十二条。
③　（台湾）《公职人员财产申报法》，第十一条。

贪腐分子的震慑作用很大。台湾官方曾经在 1995 年对于财产申报
的实施效果进行抽查，其中只有 7% 的公职人员所申报财产与实际
审查结果一致，而剩下 93% 的公职人员没有如实申报财产，这说明
制度在运行的初期肯定会产生一系列的问题。[1] 但是，实施财产申
报多年以后，台湾社会的反响是积极正面的。根据台湾透明组织的
调查（见图），有 66.4% 的被调查者认为公职人员申报财产的法律
规定"有帮助"，其中认为"有点帮助"的人占 38.7%，认为"非
常有帮助"的人占 27.7%，有 20% 的被调查者认为该法规对于政
府清廉"不太有帮助"，26.1% 的被调查者认为"非常没有帮助"。
与 2006 年和 2007 年的调查结果相比，2008 年调查中对于财产申报
持肯定态度的受访者比重在增加，态度消极者的比重在减少。[2]

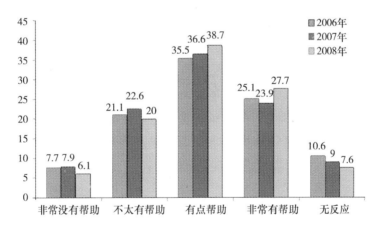

资料来源：陈俊明，2008 年；台湾透明组织，2008 年。

受访者对公职人员申报财产能否促进廉政的调查结果

---

① 陈俊明：《循证型的廉政政策研究：台湾地区廉政指标民意调查》，《公共行政学报》
2008 年 12 月第 29 期。

② 台湾透明组织：http：//www. tict. org. tw/front/bin/cglist. phtml？Category = 100389。

八　简要评述

　　总的来说，20 年来台湾廉政建设的推进离不开以《公职人员财产申报法》为核心的一系列法律的实施。其中，强制申报、强制信托、强制公布、强制处罚四者同时存在，相互配合，乃是这套廉政制度的鲜明特点以及有效性来源。并且，台湾的财产申报的主体范围属于比较严格的类别，申报程序十分严谨。这些法律制度是在台湾政治民主转型的过程中，在社会民意、政党政治与"立法"机构的合力推动下制订的，伴随着台湾社会舆论的全方位监督而得到有效的实施。可以说，民意要求、舆论监督、民主政治和法治潮流，是台湾公职人员财产申报制度（含公布/公示制度）以及廉政建设总体迅速推进并取得良好效果的动力。

　　当然，台湾的财产申报制度仍有不完善之处。例如，《公职人员财产申报法》第十一条第 2 项新增规定："受理财产申报机关为查核申报财产有无不实、办理财产信托有无未依规定或财产异常增减情事，得向有关之机构、团体或个人查询，受查询者有据实说明的义务。监察院及法务部并得透过计算机网路，请求有关机构、团体或个人提供必要之信息，受请求者有配合提供咨询的义务。"但是，银行多个账户的计算和汇总仍然给财产的审核汇总带来巨大工作量，有时不同账户之间甚至会有统计遗漏。

　　还应注意到，尽管台湾实施《公职人员财产申报法》多年，并且号称已完成"民主转型"，但是近年来还是发生了陈水扁（"总统"）、陈哲男（"总统府副秘书长"）、林益世（"行政院秘书长"）等多起高官巨额贪污案，而且民进党执政时期还发生一系列臭名昭著的利益输送及洗钱弊案。这些都说明台湾的权力寻租问题还没有得到根本解决，权钱交易恶习仍然存在，廉政建设的法律和制度还有不少漏洞。因此，我们在认识和借鉴台湾廉政建设的正面经验的同时，还应该注意辨析其负面因素，不能把台湾的廉政制度理想化，也不能忽略台湾廉政建设的特殊背景而将其普遍化。各个国家和地区的廉政建设在遵循法治、民主、公开、透明等基本原则的基础上，应结合本国本地区的现实，制订具有针对性、长效性、稳定性、系统性的法律和制度。

香港公职人员利益
及投资申报制度

田改伟

香港在 20 世纪 60——70 年代人口急剧增长、社会发展步伐加快，经济开始腾飞。同时，公务员贪污盛行，各种贿赂层出不穷，成为社会生活的一部分，正常的社会秩序受到严重威胁，市民饱受其苦。1973 年，总警司葛柏贪污案激起公愤，民怨沸腾，直接导致了 1974 年香港廉政公署的成立。如何防止和惩治贪污贿赂，一直是香港政府和廉政部门关注的重点。

根据香港《防止贿赂条例》，香港公务员事务局制定了公务员申报投资制度，规定公务员不应购入可能与其公职有利益冲突的投资。自 1995 年起，部分公务员须每一年或两年向政府申报其在香港或香港以外地区的私人投资，同时，也必须在香港或香港以外地区作出每次相等于或超过 20 万港元或三个月薪金（以较少者为准）的投资交易后的 7 天内，申报有关交易。现行的公务员申报投资制度是 1998 年实行的。2009 年公务员事务局又制定了《公务员守则》进一步完善了对公务员的要求。2012 年 6 月，行政长官办公室制定了《政治委任制官员守则》，对防止利益冲突提出了明确规定。据此，行政长官办公室出台《行政会议成员的利益申报制度》，对行政会议成员的利益申报提出具体明确要求。可以看出，香港要求公务员申报的不仅仅是一般意义上的家庭财产，还包括了各种连带的权益与投资，主要目的是为了防范利益冲突。

香港公职人员申报利益和投资涉及的面很广，可以说是一个系列制度。

一　申报制度遵循的原则

根据香港《公务员守则》，公务员遵守的操守准则主要有：坚守法治，诚实可靠，廉洁守正，行事客观，不偏不倚，政治中立，对所作决定和行动负责，尽忠职守，专业勤奋等9个方面。根据《公务员守则》和其他规范的要求，制定公务员申报事宜的原则主要有：

第一，公务员不可让本身的私人利益凌驾于公职之上，而任何使人有理由怀疑他有上述行为的情况，都必须避免；

第二，公务员不可以权谋私；

第三，若公务员因其职务使人有理由怀疑他可从中取得敏感的资料，该公务员不可从事与此职务相关的任何私人交易；

第四，公务员不可从事可能与政府利益有冲突的任何职业（业务），也不可作出可能使政府声明受损的行为。

二　公务员的利益和投资申报

公务员是香港特别行政区政府的主要工作队伍，约有15600人，任职于政府各政策局和部门，提供各种公共服务。公务员受《基本法》、《公务人员（管理）命令》（由行政长官发出用以管理公务员的行政命令）以及各项政府规例的规管，如由公务员事务局局长根据行政长官转受权力制订的《公务员事务规例》等。根据各种法例，公务员必须避免任何实际、观感上或潜在的利益冲突，即公务员的"私人利益"[①]与政府或该员本身公职的利益出现矛盾或冲突。

---

① "私人利益"不但包括公务员本人，其家人、亲属或私交友好、所属社会和协会的经济和其他利益，也包括与该员有个人或社交联系的其他人士，以及该员曾受恩惠或欠下人情的任何经济和其他利益。

（一）公务员避免及申报利益冲突

公务员有责任避免任何可能引起实际、观感上或潜在的利益冲突情况。如不能避免可能出现的利益冲突，该公务员须尽快向上司申报一切可能或可见的、与本身公职产生冲突的利益。在任何情况下，公务员均不应该：利用其公职关系，使其本人、家属、亲属、朋友或该员曾受恩惠或欠下人情的任何人获益，或让自己身处于一个处境，令人有理由怀疑其欠诚实，或利用公职身份使其本人或家人等获益。

公务员在申报利益后，除非上司批准，否则不应参与与该等事宜有关的工作。如公务员未能肯定某种关系或某项利益会否导致他人质疑其是否能公正履行职务，他们应征询其上司。

（二）公务员申报投资

一般而言，只要有关投资不会与本身的职务产生利益冲突，公务员可随意作出私人投资。然而，公务员不得利用其公职身份或从公务上获得的机密或未公布的资料，使自己或任何人获取利益。因此，那些担任指定职位，尤其是较高级或可接触敏感资料的职位的公务员，必须申报投资。

1. 申报规定：根据公务员规则，所有担任首长级职位及指定职位①（分为第 I 层职位及第 II 层职位）的公务员，必须于获委任时及其后每隔一段指定时间，申报在香港及香港以外地区的私人投资及配偶的职业。②他们每次作出价值相等于或超过 20 万港元或三个月薪金（以数额较小者为准）的投资交易时，必须于交易后 7 天内申报。

---

① 现有约 1400 个首长级职位和 2400 个非首长级指定职位。

② "投资"包括在香港或香港以外地区任何公司的任何投资、持有的股票，或直接或间接拥有的权益（包括担任公司董事、东主或合伙人），以及在地产或房产（包括自住的物业）的任何权益，还包括证券、期货及期权，以及任何由公务员拥有但由其他人士持有的这些投资。但不包括单位信托、互惠基金、人寿保险、银行存款、货币交易、政府票据、多边代理机构债务票据，以及该员受托管理或供作慈善而该员并无受益人权益的投资。

2. 申报的公示

公务员申报投资分为申报结果公开与申报结果不公开两种。

申报公开的内容：公务员队伍最高职位（即第 I 职位）包括各政策局及行政长官办公室的常任秘书长，以及若干个部门首长职位，必须在获委任时及其后每年，就其投资和权益作出登记，包括在任何公司持有 1% 或以上的股份，任何公司的董事、东主或合伙人身份，以及地产及房产（包括自住物业）等的概括描述。有关的登记册会应要求公开让市民查阅。

保密申报的内容：需要申报的投资项目包括在任何公司持有的股份或直接或间接拥有的权益；任何公司的受薪或非受薪董事、东主或合伙人身份；参与私人公司事务的详情（如有）；以及地产和房产（包括自住物业）。但银行存款、政府票据及基金经理能完全无须受益人参与而直接作出投资决定的单位信托和互惠基金等（因为受益人的这类投资于其公职之间可能出现利益冲突的机会极微）投资项目，均不包括在内。配偶的职业类别、工作范畴及其雇主名称，都须申报。有关的申报会予以保密。

三　政治委任制官员的利益和投资申报

根据《政治委任制度官员守则》规定，政治委任制官员申报利益和投资主要包括两个方面：

一是机密部分，须予以保密。该部分列投资和财务利益的具体资料，包括证券及衍生品、外币投资交易、在任何公司持有的股份及任何其他直接或间接拥有的权益，以及参与私人公司事务的详情等。

二是公开部分，可供公众查询。该部分列某些投资和权益的一般资料，包括土地和物业（包括自住物业）；在任公司的董事、东主或合伙人身份、持有任何公司 1% 或以上的股份，以及政党背景。

四 行政会议成员申报个人利益的内容

按照《行政会议成员的利益申报制度》，行政会议成员需要申报的利益包括两类：

一类是定期或定时申报的利益。

1. 公共或私营公司的受薪董事职位；

2. 受薪工作、职位、行业、专业等；

3. 以上 1、2 的利益包括因行政会议成员身份所提供的个人服务，服务对象的姓名或名称；

4. 成员在香港或香港以外地区拥有的土地及物业，包括以其配偶、子女或其他人士或公司名义拥有，但实际由行政会议成员拥有的土地及物业，或虽非成员所有，但成员有实际利益的土地及物业；

5. 成员本人或连同其配偶或子女、或代表其配偶或子女持有公司或其他团体的实益股份，而这些股份的面值超过有关公司或团体已发行股本的百分之一，公司或团体的名称须予以说明；

6. 成员担任理事会、委员会或其他机构成员的身份。

每位行政会议成员在委任之初及其后每年，必须填报《行政会议成员每年必须登记的个人利益表》，放在行政会议网站上公示，供市民查阅。如果登记的利益有变更，行政会议成员须在变更有效期起的 14 天内通知行政会议秘书。如果在香港地区以外拥有的土地和物业利益有变更，成员须在变更有效期起的 28 天内通知行政会议秘书。

行政会议成员还必须申报的有，成员本人或其配偶接受因行政会议成员身份而获得的财政赞助、海外访问赞助或价值港币 2000 元或以上的礼物，须于 14 天内填写《接受赞助及礼物申报表》，作出申报。这个申报表也要挂在行政会议的网站上，供公众查阅。

此外，行政会议成员在委任之初及其后每一年，须以保密形式向行政长官申报更为详细的财务利益，包括成员本人连同配偶或子女或其他近亲所持有的公司股份（无论持股数量），以及期货或期权合约。

这些利益如有变更，或成员进行涉及港币 20 万元的货币交易，应在两个交易日内通知行政会议秘书。

另外一类是就个别行政会议讨论事项作出申报的利益。

由于政治委任制官员是由行政长官授予权力或委以职责，他们代行政长官行使这些权力或执行这些职责。而行政会议是协助行政长官决策的机构，其成员由行政长官从行政机关的主要官员、立法会议员和社会人士中委任。其任期不超过委任他们的行政长官的任期。因此，在行政会议召开前，行政会议成员必须审视行政会议所讨论事项是否涉及本人的利益，并在行政会议讨论有关事项前做出申报。行政长官根据所申报的利益，考虑成员就行政会议审议的事项是否具有潜在或实际的利益冲突，并决定成员可参与讨论或必须避席。

这些须申报的利益主要包括三类：

第一类是须退席的利益

这类利益包括直接和重大的利益（足以令有关行政会议成员不得参与行政会议的审议过程）和不属直接和重大的利益。

直接和重大的利益有：

1. 重大的个人金钱利益，而有关利益可能因行政会议的决定而受到重大影响；

2. 行政会议成员身为公司的董事、合伙人或顾问，而有关公司可能因行政会议的决定而受到重大影响；

3. 行政会议成员以专家身份向与待议事项有关的任何人士或团体提供意见或担任代表；

4. 其他密切或重大利益，而这些利益如被公众得悉，按常理或会令人认为有关行政会议成员所提出的意见，是基于个人利益或关联，而不是基于其提供公正持平意见的职责。

这类可令行政会议成员退席的利益，行政长官通常会要求涉及这类利益的行政会议成员在讨论有关项目前退席。有关成员不会获发行政会议文件及会议纪要，而其利益申报及在行政会议讨论有关项目前退席的会记录于会议纪要，而不公示。

第二类是须申报的利益

这是不属于须退席的其他利益，如会令人认为可能导致有关行政会议成员在议事时倾向于某种立场，应予以申报。在这些情况下，有关成员通常仍会获发行政会议文件及可以参与讨论。

第三类是须让人知悉的利益

《行政会议成员的利益申报制度》规定，严格来说，行政会议成员在一些理事会和委员会（例如大学教育资助委员会、大学的校务委员会/校董会/校务会议）或其他法定及非法定的咨询委员会、审裁处等的成员身份，不属于须申报的利益，但成员如有这些身份，通常也要让人知悉。

五 行政长官申报的个人利益

香港行政长官作为香港特区及政府行政机关首长，负责行使权力，就政治委任制官员和行政会议成员申报利益投资以及利益冲突等事宜作出决定。根据《防止贿赂法》的有关规定，就政治委任官员（属订明人员）索取及接受利益个人给予许可，以及就接受利益、款待及招待是否恰当，向政治委任制官员提供指引。

香港回归前，总督一职不受《防止贿赂条例》下适用于公职人员（包括订明人员）的条文所约束或任何公务员指引规管。香港回归后，行政长官一职的情况也是如此。2008年在修订《防止贿赂条例》时，把一些条文扩展适用于行政长官一职。

2005年后，行政长官本着自愿遵守《政治委任制度官员守则》的精神，履行守则的有关规定，并以条文使用的情况为限，如有的条文涉及寻求上级当局（如行政长官本人）批准的规定而行政长官无法遵守，则改为行政长官自行作出决定。

行政长官申报利益和投资主要根据《基本法》、行政会议的利益申报制度和《政治委任制度官员守则》来进行。

《基本法》第四十七条规定，行政长官必须廉洁奉公，尽忠职守。

在就任时，向香港特区终审法院首席法官申报财产，记录在案。有关申报属机密性质。然而，《基本法》并未界定何为"财产"。

行政长官是行政会议的主席，他要遵守适用于行政会议成员的利益申报制度中有关定期申报的规定。他也可以选择自愿遵守，就提交行政会议讨论的个人事项，逐项申报相关利益的制度。行政会议成员1997年讨论有关申报制度时，他们曾建议行政长官应遵从行政会议的制度申报个人利益。

行政长官虽然自愿遵守《政治委任制度官员守则》，但在申报投资和利益方面，则按照行政会议的申报规定。然而行政会议的投资和利益申报制度与政治委任官员的申报制度在内容方面几乎相同。在政治委任制度下须申报的利益，大部分在行政会议的制度下也同样予以申报，唯一例外的是政治委任制官员须就非受薪董事身份作出申报，而行政会议成员则无须就此作出申报。

六 香港立法会议员个人有关利益的申报

根据香港立法会《议事规则》第八十三条，议员"须予登记的个人利益"有：

1. 公共或私营公司的受薪董事职位，以及如有关公司属《公司条例》有关规定所指的另一个公司的附属公司，也要报告这个公司的名称；

2. 接受薪酬的雇用关系、职位、行业、专业或职业；

3. 客户的姓名或名称，如以上所述的个人利益包括议员向客户提供的个人服务，而该等服务是由于其立法会身份所引致或以任何方式与该身份有关者；

4. 议员在其当选为立法会议员的选举中，以候选人身份或由任何人代表其收入取得的所有捐款，而该等捐款的目的为支付该议员在该选举中的选举开支；

作为立法会议员时，来自任何人士或组织的财政赞助，而提供详情时须说明该项赞助是否包括以直接或间接方式付与该议员或其配偶的款项，或给予该议员或其配偶的实惠或实利；

5. 议员或其配偶由于其立法会议员身份或由该身份引致的海外访问，而该次访问的费用并非全数由该议员或公费支付；

6. 议员或其配偶因其议员身份从香港以外的政府或组织、或非香港永久性居民的人士所收受或代表上述政府、组织或人士所收受的款项、实惠或实利；

7. 土地及物业；

8. 公司或其他团体的名称，如据议员所知，其本人，或连同其配偶或未成年子女，或代表其配偶或未成年子女持有该公司或团体的股份的实益权益，而该等股份的面值超过该公司或团体已发行股本的百分之一者。

《议事规则》规定，每名新任议员，须在其为填补立法会议员空缺而成为立法会议员的日期起计 14 天内，以立法会主席批准的格式，向立法会秘书提供其须予登记的个人利益详情。

每名议员不得迟于每届任期举行首次会议当天，以立法会主席批准的格式，向立法会秘书提供其须予登记的个人利益详情。

每名议员须予登记的个人利益如有变更，该议员须在变更后 14 天内，以立法会主席批准的格式，向立法会秘书提供变更详情。

立法会秘书须安排该等详情登录于议员个人利益登记册内，这些登记册可供任何人在办公时间查阅。自 2001 年 1 月起，登记册可在立法会网站内取览。经更新的议员个人利益，一般可于 2 个工作日内在立法会网站取览。

七 核实及处理申报的利益和投资

（一）公务员利益冲突的复核机制

所有投资申报提交给公务员事务局局长（如申报人员属第 I 层职位）或申报人员任职的政策局或部门的常任秘书长或部门首长（如申

报人属第Ⅱ层职位），用来复核是否出现利益冲突。复核人员若发现实际或潜在的利益冲突情况时，可要求申报人采取行动，包括放弃有关投资、在指定时间内冻结任何投资交易（例如直至某些市场敏感的资料已公开）、将有关投资交由他人全权托管、避免再购入或出售有关投资，或避免处理有潜在利益冲突的个案。有关的管理人员亦可将涉及表面或实际利益冲突的职务，指派给其他员工。

在复核投资申报后发出的指示和采取的行动，以及申报人员作出的解释、澄清或提供的补充材料，均会记录在案。

（二）对违反政治委任制官员利益及投资申报的惩处

对于违反《政治委任制度官员守则》的政治委任制官员，政府并无明文规定惩处的方式。但在现行任命行政委任官员的制度下，对于主要官员，行政长官可向中央人民政府建议把违反《守则》的官员免职。而对于其他政治委任官员，由于他们是行政长官所委托，行政长官可对他们做出惩处。

由于《守则》被纳入政治委任官员的聘用合约内，政府也可以把政治委任官员违反《守则》的行为视作违约，对他们采取法律行动。

此外，政治委任制官员也可根据成文法而受到刑事惩处。

（三）行政会议成员利益申报的查处

《行政会议成员的利益申报制度》规定，行政会议成员个人有责任，识别并申报其在行政会议所讨论个别事项的任何利益。同时，政府当局会按照行政会议成员已申报的利益及其他已知资料，判断是否存在利益冲突。一般有三个程序：

第一，向行政会议提交讨论事项的有关政策局或部门（可查阅公开申报部分）和行政会议秘书（可查阅公开和保密申报部分）会审慎检视任何行政会议成员是否在有关事项中有利益。

第二，如所得资料显示任何行政会议成员在有关事项中可能有须退席的利益，行政会议秘书会在有关的行政会议召开前征求行政长官决定，应否请有关行政会议成员退席行政会议就该事项的讨论并且不向他发出行政会议文件。如行政长官决定有关行政会议成员应退席该事项的讨论并且不获发行政会议文件，行政会议秘书会在有关的行政会议召开前向有关行政会议成员转达行政长官的决定，并且不会向他发出行政会议文件。在有关的行政会议上，有关行政会议成员应在申报其须退席的利益后退席该事项的讨论。

第三，如所得资料显示行政会议成员在有关事项中可能有须申报的利益，行政会议秘书会在有关的行政会议召开前提请有关行政会议成员留意该项利益，并请他考虑在会议上作出申报。

（四）对立法会议员申报利益冲突的处理

香港立法会《议事规则》规定，在立法会或任何委员会或小组委员会会议上，议员不得就其有直接或间接金钱利益的事宜动议任何议案或修正案，或就该事宜发言，除非该议员披露有关利益的性质。《议事规则》第 84 款对议员有直接金钱利益的情况下表决或退席作出了详细的规定和说明。

八 公务员接受利益

香港公务员除了申报利益外，接受利益也必须得到许可，《防止贿赂条例》和《接受利益（行政长官许可）公告》对此进行了详细规定。

按照规定，公务员未得到行政长官一般或特别许可而索取或接受任何利益，不论是否涉及贿赂行为，即属违法。

根据《防止贿赂条例》，"利益"内涵宽泛，涵盖馈赠（包括金钱馈赠）、货款、旅程、受雇工作、合约、服务及优待等。但不包括"款待"，即指供应食物或饮品和任何附加的款待。索取或接受利益，包括某人由他人代其为自己或为他人索取或接受任何利益。

根据《接受利益（行政长官许可）公告》，公务员接受利益的许可一般分为一般许可、以公职身份获得的许可、特别许可三类。

根据一般许可，公务员可以索取或接受四种利益，即礼物、折扣、贷款及旅程。如在指定情况以外索取或接受该四种利益，则申请特别许可。具体如下：

（一）一般许可

主要包括：（1）向"亲属"（包括家庭成员及近亲），索取或接受上述四种利益；（2）向商人或公司索取或接受其他人士亦可以同等条件获得的上述四种利益；（3）向私交友好或其他人士索取或接受贷款，但必须在30天内清还；可借贷金额上限按不同类别人士而异（见下表）；（4）接受（但不得索取）私交友好或其他人士在特别场合或其他场合所给予的礼物或旅程，其价值上限亦按不同类别人士和不同场合而异（见下表）。

一般许可下接受利益的价值上限（港币）

	贷款	礼物或旅程	
		特别场合（如生日、婚宴等）	其他场合
私交友好	3000 元	3000 元	500 元
其他人士	1500 元	1500 元	250 元

一般许可只适用于公务员以私人身份接受利益，而该员与提供利益者没有公务往来。否则，一般许可不适用。

（二）以公职身份获得的利益

这类利益指公务员或其配偶因该员的公职身份，或因该员是以公职身份出席的场合而获得的利益。只有在该公务员希望保留以公职身份获得的利益作为私人用途时，才会出现公务员接受利益的情况。

根据规定，政府有关部门一般会给公务员统一的许可，批准公务员在以下特定的情况下保留他们以公职身份获得的礼物作为私人用途：

1. 礼物或纪念品的价值不超过 50 港元，或该公务员实职薪金的 0.1%（以金额较高者为准）。

2. 礼物或纪念品的价值不超过 400 港元，而该礼物或纪念品刻上了该公务员的姓名；或者他以公职身份作为嘉宾或主礼嘉宾出席活动而获得的礼物（如刻印上了主办机构名称而商业价值不高的纪念品）。

如果公务员希望在上述统一许可所涵盖的情况以外，保留因公职而获得的任何礼物或纪念品作私人用途，他必须征求许可。除非特殊情况，一般不会批准公务员保留价值 1000 港元以上的礼物或纪念品作私人用途。

九 对违反申报规定的惩处

香港公务员申报没有对申报内容进行核查的制度，也没有抽样调查员工呈交的申报书的制度，而是建立在员工自行申报的基础上的。

对违反申报规定的公务员的惩处主要有以下几个方面：

1. 公务员如触犯《防止贿赂条例》的有关规定而被定罪，会受到刑事制裁。被法庭裁定触犯刑事罪行的公务员，同时可能会被纪律处分。

公务员如违反有关防止及处理利益冲突、申报投资、接受利益等，可受到纪律处分，在有的情况下会面临刑事检控。

2. 被纪律处分的公务员，可以处的处罚包括口头或书面警告、谴责、严厉谴责、罚款、降级、勒令退休及革职等。如该人员属按退休金条款可享退休的公务员，按有关退休金法例规定的情况，中止、停发或减扣其退休金。

3. 离职后从事其他工作的，政府有关部门可对不遵守有关离职从事其他工作的规则的前公务员采取法律行动。

行政会议成员由行政长官任免，如违反行政会议的利益申报制度，行政长官会决定以何种适当方式作出惩处，包括警告、谴责或免职。不过目前并没有明文规定这些惩处。

十 香港现行申报制度的特点

根据立法会公务员及自助机构员工事务委员会2000年3月20日举行会议的资料文件《公务员申报投资事宜》，与其他国家或地区相比，香港的申报制度的特点主要有五个方面：

第一，须申报投资的职位分为两层。第 I 层职位包括主要政府职位，大部分为主要官员职位；第 II 层职位是所有首长级职位及各局局长、部门首长所指定的非首长职位，这些职位有较多机会引起利益冲突的情况。

第二，第 I 及第 II 层职位人员分别须于每年及每两年呈报香港和香港以外地区投资。第 I 层职位人员还须呈报任何超过 20 万元的投资交易，而第 II 层职位人员则须呈报任何超过 20 万元或三个月薪金（以数额较小者为准）的投资交易。

第三，第 I 层职位人员另须每年登记其投资及权益，以供市民查阅。所有第 I 及第 II 层职位人员均须申报配偶的职业。

第四，并非担任指定职位的人员，无须定期申报投资。不过，所有公务员仍有责任防止出现利益冲突的情况，并依需要呈报个别的投资事宜。

第五，需要申报的投资包括证券，在任何公司持有的股票及权益，以及在地产或房产的任何权益。至于其他利益的呈报，包括礼物、资助及公职以外的工作，皆由《接受利益公告》及《公务员事务规例》的条文监管，规定公务员要先取得批准。

香港的公务员申报制度还在不断的完善中，一些具体部门也在根据有关法规制订适合本部分的申报制度。同时，需要指出的是，香港的公务员申报制度与公务员薪酬制度、公务员退休制度是紧密配套的，其作用的发挥也是各种制度相互配套的结果。

参考文献

1. 《基本法》第四章。

2. 独立检讨委员会报告①:《防止及处理潜在利益冲突》,2012 年 5 月。http://www. irc. gov. hk/chi/report/report. htm

3. 公务员事务局:《公务员守则》,2009 年 9 月。http://www. csb. gov. hk/tc_chi/admin/conduct/1751. html

4. 行政长官办公室:《行政会议成员的利益申报制度》,2012 年 6 月。http://www. ceo. gov. hk/exco/pdf/Note_ c. pdf

5. 《行政会议成员每年须登记的个人利益表》及《接受赞助及礼物申报表》。

6. 行政长官办公室:《政治委任制官员守则》。http://www. cmab. gov. hk/doc/issues/report_ tc. pdf

7. 《防止贿赂条例》(第 201 章)。

8. 《2010 年接受利益(行政长官许可)公告》(2010 年 4 月 9 日生效)。

9. 立法会公务员及自助机构员工事务委员会 2000 年 3 月 20 日举行会议的资料文件:《公务员申报投资事宜》。

10. 2001 年 3 月 19 日立法会公务员及自助机构员工事务委员会参考便览:《公务员申报投资事宜》。

11. 《行政会议成员每年须登记的个人利益表》及《接受赞助及礼物申报表》。

12. 立法会 CB(1)1497/11—12(01)号文件:2012 年 4 月 14 日特别会议资料文件:《立法会公务员及自助机构员工事务委员会规管公务员接受利益及款待的机制》。

13. 档号:ExCo CR4/1136/81,立法会参考资料摘要《行政会议成员申报须登记的利益》。

14. 2008 年 1 月 29 日资料文件,《立法会财经事务委员会有关公务员防范利益冲突的指引和安排》。

15. 立法会:《议事规则》(2011 年 5 月 13 日修订)N 部,其他事项。http://www. legco. gov. hk/general/chinese/procedur/content/partn. htm

16. 立法会 CM17/19—09—10 号文件(档号从 B(3)C/1 V1):《议员个人利益监察委员会 2009 年 12 月 16 日第 4 次会议的文件》。

----

① 此委员会全称为"防止及处理潜在利益冲突独立检讨委员会",成立于 2012 年 2 月,负责检讨现行适用于行政长官、行政会议成员及政治委任官员,用以防止和处理潜在利益冲突的规管制度。

后　记

　　美国知名智库传统基金会倡导"快速反应政策研究"方法，为各国智库所推崇。智库研究注重现实问题的解决，解决现实问题必然要快速反应。2012 年底以来，国内要求干部财产公示的舆论持续升温。公职人员个人及家庭财产申报与公示制度在国外有长期而广泛的实践，了解和借鉴国外实践经验，对我国无疑是十分必要和重要的。中国社会科学院是中国的重要智库，近年来我们开展的一项旨在系统考察和比较研究国外政治发展的项目"政治发展比较研究"，在多国进行了大量调研，对国外政治情况有了比较多的了解。在此学术背景下，我们对国内持续升温的财产公示舆论做出了快速反应。

　　在我们看来财产公示制度无论是否实行以及如何实行，前提是需要了解国外的实践情况，以资借鉴。但我们也发现，此前国内对国外相关情况了解不多，特别是缺乏对全面情况的把握。有限的一些介绍集中于少数发达国家，并多限于法律、制度本身，对历史情况、社会环境及实施效果等很少涉及。同时更缺乏比较研究，因此对问题的认识基本上是孤立的、表面的和分散的。这种状况很容易导致盲目性，甚至可能产生某种误解和误导。

　　在以往"政治发展比较研究"课题的国外调研时，我们已将廉洁政治建设以及反腐败问题纳入了研究视野。根据多年来的研究积累，我们在发达国家、发展中国家和所谓"转型国家"中选择一些比较重要和具有一定典型性的国家的财产申报与公示制度进行梳理，有针对性地进行补充，对有关国家的相关法律法规进行了查证和翻译。我们力求比较简洁准确地描述出研究对象国以及我国台湾、香港地区公职人员财产申报与公示制度的基本轮廓、实施效果，帮助国内了解情况，参考借鉴。

我们的研究只是初步的，难免有一些疏漏，甚至错误，恳请有识之士不吝赐教。在此我们也感谢在编著此书过程中给予我们帮助的各方人士，特别感谢我们的国外合作伙伴和有关驻华使馆提供的支持与帮助，感谢中国社会科学出版社最好质量和最快速度的编辑出版工作。

房 宁

于 2013 年元宵节